流动人口社会融合研究丛书

四地观察：
人口流动与村居发展

SURVEY OF FOUR PLACES:
POPULATION MOBILITY AND
VILLAGE DEVELOPMENT

肖子华　主　编
徐水源　副主编

社会科学文献出版社
SOCIAL SCIENCES ACADEMIC PRESS (CHINA)

编委会成员

主　编：肖子华

副主编：徐水源

编　委：刘金伟　林　颖　王　博　李红娟　成　前
　　　　　林　振　丁佩佩　郭　青

参加调研的专家：

吉林省农安县：

王晓峰　吉林大学东北亚研究中心教授

侯建明　吉林大学东北亚研究中心副教授

李晓壮　北京市社会科学院社会学所副研究员

湖南省耒阳市：

赵卫华　北京工业大学文法学部教授

李君甫　北京工业大学文法学部教授

李　升　北京工业大学文法学部副教授

湖北省宜昌市猇亭区：

田艳平　中南财经政法大学公共管理学院教授

何　雄　中南财经政法大学公共管理学院副教授

杨　俊　中南财经政法大学信息与安全工程学院
　　　　副教授
张立龙　首都经济贸易大学劳动经济学院讲师

广东省佛山市南海区：
张　琨　中共北京市卫生健康委员会党校讲师
江生亮　中央党校《中国领导科学》杂志社编辑

主编简介

肖子华 湖南新田人，中央党校硕士研究生毕业，高级政工师。现任国家卫生健康委流动人口服务中心主任、党支部书记。曾任《湖南人口报》副总编辑、湖南省人口计生委办公室主任、《人口与计划生育》杂志执行主编、中国人口学会副秘书长等职务。研究方向为流动人口服务与管理。主编出版《人口与计划生育法规》《人口文化学》《生殖健康咨询师国家职业资格培训教程（基础知识)》等著作，在《中国领导科学》《人口与经济》《人口与社会》等刊物发表学术论文几十篇。

徐水源 江西乐平人，经济学博士，研究员。现任国家卫生健康委流动人口服务中心党支部副书记兼纪检委员、副主任，兼任中国人口学会理事。曾任国家人口计生委政策法规司流动人口处副处长、流动人口司服务维权处处长、综合协调处处长；国家卫生计生委流动人口司综合处处长。研究方向为人口与经济社会发展、流动人口社会融合。出版学术专著1部，在《人口学刊》《民生周刊》《劳动经济与劳动关系》《人口与经济》《人口与发展》等期刊发表学术论文20余篇。

序　言

　　流动人口是我国改革开放进程中出现的特殊群体。我国流动人口总量伴随着经济快速发展不断扩大，2014 年达到峰值 2.53 亿，之后连续5 年缓慢下降，2019 年约为 2.36 亿，占全国总人口的 17% 左右。大规模的人口流动极大提高了要素配置效率，深刻改变了我国的城乡社会结构，大力推动了工业化、城镇化和现代化进程。未来二三十年，我国仍将处于城镇化快速发展阶段。在 2035 年基本实现社会主义现代化之前，人口流动仍然是我国经济社会发展中最突出的人口现象，数以亿计的流动人口将成为常态。

　　在习近平新时代中国特色社会主义思想指引下，我国流动人口发展取得了历史性成就，流动人口实现了由生存型向发展型的根本转变：户籍制度改革不断深化，城市流动人口社会接纳水平明显提升；流动人口就业状况持续改善，在城市基本实现了经济立足；流动人口获得城市基本公共服务的范围逐步扩大、水平不断提高；覆盖城乡居民的社会保障体系基本建成，流动人口社会保障水平稳步提升；流动人口参与城市社会治理意识日益增强。但整体而言，流动人口还无法与户籍人口享受同等的公共服务和社会福利，呈现一种"半城镇化"状态：就业在城市，户籍在农村；本人在城市，家属在农村；生活在城市，根基在农村。在劳动权益保护、子女教育、医疗卫生、社会保障等方面面临一系列难题。流动人口工作任重道远，需要社会各界共同参与、献计献策。

　　从 2009 年起，国家人口计生委就启动了流动人口社会融合相关工作。这些年来，我们围绕流动人口社会融合是什么、怎么衡量、如何促进的问题，不断深化理论研究和实践探索，开创性地推进流动人口服务管理和社会融合工作。2014 年流动人口服务中心成立以来，以"服务流动人口，促进社会融合"为宗旨，开展了大量调查、研究和服务工作。在深入研究的基础上发布了《中国城市流动人口社会融合评估报告》（蓝皮书），引起了相关政府部门和社会的广泛关注；在全国组织开展了服务流动人口的社会组织调查，形成了一支服务流动人口的社会力量；建立了流动人口数据平台和公共服务平台，提供了服务流动人口的专业技术窗口。为做好流动人口服务工作，查实摸准流动人口流动迁移、家庭发展、社会融合等有关情况，2016 年起中心在吉林省农安县、湖南省耒阳市、广东省佛山市南海区、湖北省宜昌市猇亭区建立了五个基层调查联系点。

调查联系点建立以来，中心围绕流动人口社会融合、流动人口健康等主题，连续三年开展了追踪调查，并就流动人口返乡创业、政治参与、就地城镇化、农村"三留守"问题等开展了多次调研，撰写了调研报告。这些调查弥补了全国流动人口截面调查的不足，对于深入了解流动人口生存发展状况具有重要价值。调研成果为科学决策、推动工作提供了扎实依据，也为深化流动人口研究提供了第一手资料。

采取解剖麻雀的方式进行调查，是老一辈革命家和学术界常用的调查方法。20 世纪二三十年代土地革命时期，毛泽东同志就在农村做过十几个系统的调查，撰写了《中国佃农生活举例》《寻乌调查》《兴国调查》等系列调查报告，为党和红军了解农村和城镇状况，提供了第一手材料。30 年代著名学者晏阳初、李景汉等第一次采用现代调查方法，在河北定县开展了为期几年的调查，撰写了《定县社会状况调查》，全景式描述了我国华北农村的社会状况。1936 年著名社会学家费孝通在江苏吴江开弦弓村进行了一个多月的调查，撰写了《江村经济——中国农民的生活》，成为世界了解中国农村的窗口。从 50 年代开始，费孝通先生先后 26 次重访开弦弓村，提出了"小城镇、大问题"和经济社会发展的"苏南模式"，为中国城镇化战略的制定和区域经济发展提供了依据。

希望流动人口服务中心学习发扬学术传统，坚持深入基层，深入一线，全面了解情况，更多地发现我国人口流动迁移的特点和规律，为促进流动人口社会融合、加快农业转移人口市民化，提出更多的建议。另外要动员更多的专家学者一起参与，形成一支高水平的调研团队，把调查做深、做细，把问题剖析明白，使之成为国内外了解中国流动人口状况的窗口，成为政策咨询和学术研究的重要基地。

全国政协人口资源环境委员会副主任

中国计划生育协会党组书记、常务副会长

2020 年 2 月

摘　要

　　改革开放以来，随着经济社会的快速发展以及城镇化速度的不断加快，我国人口流动的速度与规模也在逐步加大。流动人口数量从1982年的657万，攀升至2014年的2.53亿，2015年流动人口总量虽有所下降，但依然每6个人中就有1个流动人口。与此同时，我国人口流动呈现居留时间长期化、流动模式家庭化、新老代际轮替化等新的特点与发展趋势。庞大的流动人口不仅推动了我国经济的高速发展，而且还引发了人们的生活方式和价值观念、社会阶层结构以及劳动力行业和职业构成等发生了一系列变化。

　　人口流动已经成为我国现阶段经济转轨、社会转型、人口转变过程中的突出特征，也成为影响人口的城乡分布、地区分布、年龄结构和性别结构的决定性因素，对经济发展以及新型城镇化建设均起着不容忽视的作用。因此，流动人口在流入地能否获得均等的生存和发展机会，能否公平享受公共资源和社会福利，不仅关乎个体的融合水平，而且事关流动者家庭的长期发展能力建设，还关涉中国人口问题和城乡问题的统筹解决、新型城镇化的有序推进乃至整个社会的稳定与发展。

　　2016~2018年，国家卫生健康委流动人口服务中心为深入掌握流动人口生存发展状况，分别在吉林省农安县合隆镇八家子村、湖南省衡阳市耒阳市余庆街道西元村、广东省佛山市南海区里水镇金溪社区与桂城街道叠北社区、湖北省宜昌市猇亭区七里新村社区建立了基层调查联系点。调查联系点建立以来，中心组织工作人员于2017年1月至2019

年 4 月开展了 1 次基线调查、2 次追踪调查，并组织中央党校、吉林大学、中南财经政法大学、北京工业大学、首都经济贸易大学、北京市社会科学院等高校和研究机构的专家围绕流动人口社会融合、政治参与、返乡就业、就地城镇化、农村"三留守"等主题，开展了十余次专题调查。分别撰写了追踪调查报告和专题调查报告。

从社会人口学特征来看，流动人口中男性占比高于女性，但女性占比有逐年提高的趋势。流动人口平均年龄为 36.3 ~ 37.0 岁，"80 前"流动人口占到 44.4%，"80" ~ "90"流动人口占到 32.5%，"90 后"流动人口占到 23.0%，新生代流动人口已经成为主力军。从流动人口的婚姻状况来看，已婚人口居多，家庭成员一起流动已经成为主要迁移模式。近年来，流动人口的受教育水平虽然有了一定提升，但总体仍然偏低，初中及以下学历者占到 71.0%。从流动的区域来看，跨省流动者占到 61.5%，省内跨市流动者占到 27.4%，市内跨县流动者占到 11.1%。从流动迁移的原因来看，经济是流动人口外出的最主要驱动力，务工经商占到 90% 以上。

从就业状况来看，流动人口的职业层次相对较低，多从事商业服务和生产制造业，分别占 60.9% 和 27.5%。就业行业多为批发零售业，占到 25.7%；制造业就业的占比紧随其后，占到 23.8%；在居民服务、修理和其他服务业就业的位居第三，占到 15.6%。就业单位多为个体、私营企业，超过七成的流动人口在个体、私营企业任职，近八成流动人口就业身份为雇员。流动人口在城市参加职业技能培训的比例相对较低，仅有 1/3 的流动人口参加过职业技能培训。

从经济状况来看，根据流入地的不同，收入差距比较大，平均收入在 2 万 ~5 万元。流动人口的收入水平与受教育程度之间呈现正向的关系，教育水平越高就业单位越规范，劳动合同签订率越高，收入水平也越高。流动人口中参加社会保险的比例较低，"四险一金"全部参与的比例仅占 6.01%，从各类社会保险的参保情况来看，流动人口参加工伤保险的比例相对较高，但也仅占到 18.69%。流动人口参加城镇职工养老保险、失业保险的比例均在 17.5% 左右。从住房的情况看，流动人口以租房居住为主，租房居住者占到 74.72%。

从融入当地社会的状况来看，流入地居民对流动人口的接纳程度较高，但流动人口的日常交往仍然局限在老乡之间，与本地人交往较少，社会交往呈现明显的内卷化。当前流动人口对城市生活的认同感和适应度较高，但在流入地长期居留意愿不高，家庭原因、个人年龄以及返乡创业是促使流动人口做出返乡打算的重要原因。流动人口的户籍迁移意愿较低，大部分流动人口不愿将自己的户口迁到流入地所在的城市。住房、收入、子女教育是流动人口在流入地面临的主要困难，老人赡养、子女照看是流动人口在流出地面临的主要家庭困难。

在健康医疗方面，流动人口的健康状况较好，近 94% 的流动人口自评身体健康，94.66% 的流动人口没有医生确诊的慢性病。从就医的状况来看，两周内，因病伤第一次就诊医疗机构中，半数以上的流动人口选择在诊所/村卫生室/社区卫生服务站、卫生院/社区卫生服务中心就诊，1/3 因病伤而就诊的流动人口选择在县级卫生机构就诊，在地市级卫生机构、省级及以上卫生机构就诊的流动人口分别占到 4.17%、8.33%。流动人口看病难、看病贵的问题得到一定缓解，在两周内，只有 10.3% 的流动人口因经济困难未到医疗机构就诊。近 1 年内，只有 0.83% 的流动人口有医生诊断需住院而未住院的情况，经济困难者占到 37.5%，1/3 是因为自认为没必要，1/4 是因为认为无有效措施。从医疗费用报销的情况看，1.39% 的流动人口近 1 年内因病伤、体检、分娩等原因住院，在县级、地市级卫生机构住院的比例均为 44%，流动人口住院医疗费用的报销多在家乡。

基于以上分析，可以发现，近年来流动人口经济生活状况有了一定提高，在城市生活的能力更强，获得的服务更多，融入当地的愿望强烈。但也存在一些问题，迫切需要解决：流动人口人力资本水平不高，应通过职业培训提升其人力资本水平，增强其融入能力；流动人口的社会交往内卷化严重，应充分发挥社区的中介平台作用，促进流动人口与本地人群的交往、交流；要关注流动人口住房及收入问题，提升流动人口在城市立足的能力；流动人口的劳动合同签订与社会保障水平均较低，应从政府、企业、个人多方入手，提高流动人口的劳动保障；要重视留守老人、留守子女的生存发展，解决好老家牵挂问题。

目 录

第一章　调查联系点概况

2016～2018年，国家卫生健康委流动人口服务中心分别在吉林省农安县合隆镇八家子村、湖南省衡阳市耒阳市余庆街道西元村、广东省佛山市南海区里水镇金溪社区与桂城街道叠北社区、湖北省宜昌市猇亭区七里新村社区建立基层调查联系点。

第一节　吉林联系点基本情况

一　农安县经济社会发展概况

农安县隶属吉林省长春市，位于松辽平原腹地，全县幅员5400平方公里，辖22个乡镇，3个省级工业园区，3个市级工业园区，377个行政村，总人口120万，其中农业人口90万，流动人口10.34万。自2012年连续四年挺进全国经济百强县，并实现晋位升级，各种发展优势在开放中日益彰显。

农安县地区生产总值达到475亿元，同比增长8.0%；全口径和地方级财政收入分别达到26亿元和13.3亿元，分别同比增长7.4%和6.4%；全社会固定资产投资达到450亿元，同比增长15%；社会消费品零售总额达到160亿元，同比增长12%；城乡常住居民人均可支配收入分别达到24630元和13030元，分别同比增长7.3%和6.5%。

农安县粮食年均产量稳定在70亿斤以上的阶段性水平，每年可供加工转化的玉米达 200 万吨以上，玉米芯 120 万吨以上，玉米秸秆 300 万吨以上。全县马铃薯、辣椒、朱葱、大蒜、胡萝卜、黄烟等经济作物种植面积达 100 万亩，年产出能力达到 150 万吨。全县畜禽总量达到 2.5 亿头（只），肉类总产量达到 80 万吨，是中国第一牧业大县。境内油页岩探明工业储量 380 亿吨，陶土工业储量 1000 万吨，探明天然气工业储量达到 1300 亿立米；二氧化碳气体工业储量 90 亿立方米，天然矿泉水日涌量 2000 吨。多次荣获全国粮食生产先进县和标兵县，被评为"优质肉食品生产基地"、生态建设示范区、全国绿色能源示范县、低碳经济示范县和中国新能源产业百强县。

农安县劳动力资源丰富，建有职业教育园和大学城，全县拥有各级各类职业技术学校、劳动技能培训基地 40 余家，每年培训各类职业技术人才近万人，具有大量的制造技术人才储备。年剩余劳动力 40 多万人，每年向国内外输出 35 万余人，打造了一系列农安劳务品牌。

二　农安县历史文化

农安县所在地史称黄龙府，曾是西汉时期北方夫余国的王城和辽金军事重镇，有 2000 多年建城史，是东北文明的发祥地之一，素有"东北名城、塞上明珠"之称，以抗金英雄岳飞的誓言"直捣黄龙府，与诸君痛饮耳"和革命先驱李大钊的诗句"何当痛饮黄龙府，高筑神州风雨楼"而闻名于世。建于公元 1023 年的农安辽塔是我国最北端的一座佛塔，被评为国家级重点文物保护单位。地方剧种黄龙戏曾获全国"文华奖"、布拉格"舞美设计奖"等 30 余项国内、国际大奖，并被列入国家级非物质文化遗产。

近年来，农安县经济和社会事业整体推进、统筹发展，社会环境不断优化，大局和谐稳定，圆满完成了各项目标任务。被评为国家级卫生县城、国家生态建设示范区、国家绿色能源示范县、国家低碳经济示范县、中国新能源产业百强县、三产融合试点县等称号，县域综合实力稳居全省第一方阵，连续五年进入全国经济百强县并晋位升级，被评为中国最具投资潜力特色魅力示范县。

三 合隆镇经济社会发展概况

合隆镇坐落在农安最南部，与长春市市区接壤，是省级经济开发区，辖区面积 200 平方公里，下辖 19 个村、一个街道、三个社区、187 个村民小组，2016 年总人口 12 万，其中镇区常住人口 8 万，流动人口 3582 人，流出人口是 2643 人，城镇化率为 67%，规划面积 80 平方公里，建成面积 30 平方公里。

2017 年，全镇地区生产总值达到 209.6 亿元，同比增长 9.7%；全口径财税收入 5.6 亿元，同比增长 10%；城镇居民人均可支配收入达到 26840 元，同比增长 10.1%，农村常住居民人均可支配收入达到 13700 元，同比增长 12%。先后获得全国重点镇、全国发展改革示范镇、全国统筹推进城镇化示范镇、吉林省十强镇、吉林省特色城镇化示范镇、吉林省森林小镇等称号。现为全省新型城镇化试点镇、首批扩权强镇试点镇。

四 合隆镇历史文化

合隆镇坐落在有着两千多年历史的古城黄龙府——农安县南部，曾名小合隆，"合隆"是由商号得名，含有买卖兴隆之义，取吉祥之意命名。清初是蒙古族禁垦荒原，嘉庆初年蒙王招垦，遂由关内移民来此开发。民国初年归长春县恒裕乡上九甲小合隆，1949 年为长春县合隆区，1956 年置合隆乡，1958 年改公社，1983 年复置乡，1984 年置镇。在乾隆年间，郭尔罗斯前旗札萨克开放其游牧地，合隆人自此繁衍生息。历经长春厅恒裕乡、长春府泰和镇演变至今。镇内拥有始建于道光十九年（1839 年）的八家子天主教堂，和建于伪满康德九年（1942 年）的兴隆寺，两大历史建筑规模宏伟，经风历雨，见证了合隆镇的发展历史。

五 八家子村人口和经济状况

八家子村位于合隆镇西北部，距离镇9公里，辖区面积7.8平方公里，耕地面积530公顷，下设6个村民小组，共有626户，常住人口2626人，目前流出人口追踪调查300人（男209人，女91人），其中跨省74人，省内跨市34人，市内跨县192人。村内有通往长春市内的班车和通往合隆镇内的客车，每天往返5个班次。村内主要道路是柏油路，巷道是砂石路，村内主要排水是路两侧砖沟，污水及时排出，路两侧栽植了垂柳，两侧安装了太阳能路灯62盏。八家子村农业种植以玉米为主，粮食种产量477万公斤，常年外出务工人员300人，农闲季节在当地务工人员500人，人均年收入9000元。

第二节 湖北联系点基本情况

一 宜昌市经济社会发展概况

宜昌地理位置居中，在长江经济带中，东接武汉，西连重庆，是东部发达的经济科技与西部丰富资源的接合部，是国家实施西部大开发战略由中线进入西部的起点，处于南北经济文化交往、东西资源要素对流的交汇处和过渡地带，历来是重要的商品物资集散地。随着我国对外开放由沿海向内地梯次推进，长江开放开发、西部大开发战略的实施和三峡工程的兴建，宜昌处于承东启西的战略部位，是重庆和武汉之间重要的区域性中心城市。

宜昌市2017年全市实现生产总值3857.17亿元，较上年增长2.4%。分产业看，第一产业增加值426.72亿元，较上年增长3.7%；第二产业增加值2077.58亿元，较上年下降1.5%；第三产业增加值1352.87亿元，较上年增长9.5%。按常住人口计算，人均地区生产总值 93331 元，较上年增长 3.7%，比上年增加 3353 元。

宜昌市通过国家卫生城市复审，获国家卫生城市"三连冠"。推进新型智慧城市建设，建立城市级视频监控云，城区主要公共场所基本实现免费 WiFi 全覆盖。"互联网＋分级诊疗"惠民医疗服务全面启动，结核病综合防治扎实推进。全年 91 个建档立卡贫困村出列，4.96 万户 12.79 万人脱贫。易地扶贫搬迁入住 8015 户 19416 人。灾后重建任务全面完成，累计补改种各类作物 1.76 万公顷，修复水毁农田近 2000 公顷，倒房重建 2365 户，房屋修缮 3266 户。

二　宜昌市历史文化

宜昌历史悠久，文化丰厚，曾经是楚文化和巴文化发展的重要地方。这里人杰地灵，孕育出世界历史文化名人屈原、民族和亲使者王昭君以及闻名中外的著名学者杨守敬等诸多先贤名流。历代著名文人，诸如李白、杜甫、白居易、欧阳修、苏轼、陆游等，也多会于此。他们游览西陵山水所留下的胜迹，陶醉西陵风光所写下的诗文，为宜昌增添了宝贵的文化财富。

宜昌还以"三国故地"而著称，古典名著《三国演义》中有 36 个故事发生在这里。"夷陵之战"火烧连营七百里，赵子龙大战"长坂坡"，张飞横矛"当阳桥"，关公败走"麦城"被擒"回马坡"等故事和遗迹俯拾皆是。这里还是埋葬关公正身的"五阳"之地，建有气势恢宏的关帝陵，同时也是关公文化的考察研究之地。

三　猇亭区经济社会发展概况

猇亭区位于湖北省西南部，地处长江上游与中游的接合部、鄂西秦巴山脉和武陵山脉向江汉平原的过渡地带，是长江出三峡后的第一块冲积平原，是宜昌市城区的东南门户、工业区、渝东鄂西对外交通的枢纽，处于承东启西的位置。截至 2017 年底，猇亭区总人口 62107 人，流动人口 2880 人，其中流入人口 2128 人，流出人口 752 人；农业人口 18581 人，非农业人口 40638 人。2017 年，猇亭区生产总值 228.5 亿元，城镇居民人均可支配收入 32541 元，农村居民人均可支配收入 16375 元。

四　猇亭区历史文化

猇亭，得名于西汉，虎啸为"猇"，十里为一亭，故称"猇亭"，三国著名战役"夷陵之战"即发生于此。猇亭区内马家溪新石器时代文化遗址出土的石器证明，五千多年前猇亭就有人类活动。猇亭古属夷道县、宜都郡。南朝时的后梁与陈划长江为界，猇亭属江北夷道县。至元末，曾分属宜都县、峡州路（宜昌）。猇亭是古老背的古称，亦称兴善坊、虎脑背、古楼背①。境内有三国古战场、三峡奇石广场、六泉湖广场、织布街等文化旅游景点。

第三节　湖南联系点基本情况

一　耒阳市经济社会发展概况

耒阳市位于湖南省东南部，总面积 2656 平方公里，常住人口 115.24 万，2017 年全市流出人口 328182 人，流入人口 6077 人，辖 24 个乡镇、6 个街道办事处、377 个行政村（居），是全省三座县级中等城市之一，也是全省城区面积最大、城市人口最多的县级城市。

耒阳是交通大枢纽，处于"一点一线"区域，京广铁路、武广高铁、京珠高速公路、107 国道、320 省道等多条交通干线在境内交织成网。近年来，耒阳市紧紧围绕"真抓实干、加力转型，努力重回全省

---

① 《中国古今地名辞典》。

'第一方阵'"战略目标，积极适应经济新常态，抢抓发展新机遇，市域经济保持了平稳较快发展。2017 年，全年完成 GDP 473.15 亿元，同比增长 8.1%；完成财政总收入 22.17 亿元，其中税收收入 15.32 亿元，同比增加 1.62 亿元，同比增长 11.84%，税收占比由 2016 年的 50.43% 提高到 69%，进一步做优了财政收入质量；完成全社会固定资产投资总额 411.93 亿元，同比增长 15.2%；三次产业结构比由 16.1∶37.6∶46.3 调整为 15∶34.5∶50.5；城乡居民人均可支配收入分别达 31946 元、18841元，同比分别增长 8.5% 和 7.9%。

二 耒阳市历史文化

耒阳建县于秦始皇二十六年（公元前 221 年），为湖南最早的县份之一，素有"荆楚名区""三湘古邑"的美誉，被誉为"一帝三圣"之地，是炎帝神农创"耒"之地，亦是"纸圣"蔡伦诞生之地、"诗圣"杜甫卒葬之地、"游圣"徐霞客巡游之地。庞统治耒、张良隐耒、张飞巡耒、韩愈咏耒等历史典故，也为耒阳增添了厚重的文化底蕴。

三 余庆街道经济社会发展概况

余庆街道位于耒阳市城区西南部，现有 16 个建制村和 3 个居委会，总面积 129.73 平方公里，总人口 8.02 万人，2017 年流出人口 18067人，办事处驻余庆圩（原余庆乡人民政府驻地），是耒阳市面积最大、人口最多的乡级行政区域。境内交通极为便利，耒阳大道、武广高铁、107 国道、320 省道、余长公路呈"井"字形分布，贯穿余庆的东西南北。余庆街道成立以来，坚持以科学发展观统领经济社会发展全局，牢牢把握"科学发展"与"和谐稳定"两大主题，坚持"管理制度化、责任具体化、民生实事化"的工作理念，全力推动地区经济、社会和谐快速发展。

四　余庆街道历史文化

余庆曾称余冲，解放时为庆贺人民政权建立，改名为余庆乡。余庆乡地处城乡接合部，是耒阳西南之通道。交通极为方便，京广铁路、107 国道、三南公路、余长公路贯穿全乡的东西南北全乡通公路村 21 个，磨形、灶市两个送电网为全乡的工农业生产和人民生活提供了充沛的电力；由欧阳海灌区和两座小（2）型水库组成的供水网使全乡的生产、生活用水得到了充分保证；通信设施逐渐改善，程控直拨电话已经开通电话村。余庆乡独特的地缘优势、资源优势和良好的环境优势赢得了众多投资者的青睐，已成为耒阳市的开发热点。

五　西元村人口文化经济概况

西元村隶属余庆街道办事处，文化历史悠久，曾经走出过许多革命者和革命先烈。其中著名的有红八军军长李天柱烈士，本村共计有 62 位烈士。目前西元村共 18 个村民小组，总人口 2986 人，其中男 1554 人，女 1432 人。该村以种植水稻和养殖业为主，人均收入 7000 元。截至 2016 年 5 月 8 日，共流出 935 人，较上一年增加 123 人，外出人员占总人口的 31.3%，整户外出有 16 户。其中已婚男 357 人，已婚女 418 人，未婚男 123 人，未婚女 37 人，整户流出 16 户。该村流动人口为流出型模式，具有以中青年为主、每年外出人口不断增加等特点。

第四节　广东联系点基本情况

一　南海区经济社会发展概况

佛山市南海区地处广东省中部，珠江三角洲腹地，毗连广州，邻近香港、澳门。全区面积 1073.82 平方公里，辖 6 个镇、1 个街道，共 67

个村委会、184 个社区居委会。据南海区 2015 年全国 1% 人口抽样调查主要数据公报通报，2015 年末，全区常住总人口为 270.56 万人。其中，城镇人口为 258.84 万人，占 95.67%；农村人口为 11.72 万人，占 4.33%；男性人口为 149.91 万人，占 55.41%；女性人口为 120.65 万人，占 44.59%。总人口性别比（以女性为 100，男性对女性的比例）为 124.25。南海区在 2016 年实现地区生产总值 2411 亿元，同比增长 8.3%；固定资产投资 1078 亿元，同比增长 16.8%；地方一般公共财政预算收入 203 亿元，同比增长 9.6%，区域综合实力连续三年位居全国市辖区百强榜第二名。

二　南海区历史文化

南海历史悠久，名人荟萃，秦朝（公元前 214 年）设郡，隋朝（590 年）置县，曾涌现出邹伯奇、陈启沅、康有为、黄飞鸿、詹天佑、何香凝、陈香梅等一大批杰出人物。近年来，南海深入贯彻落实党的十八大，十九届三中、四中、五中全会和习近平总书记系列重要讲话精神，围绕全省"三个定位，两个率先"的目标和佛山市委、市政府的部署，立足新常态、把握新机遇，坚持发展是第一要务，传承品质、成就品牌，开启了南海创新发展的新征程。

三　里水镇经济社会发展概况

里水镇位于佛山市南海区东北部，东与广州市主城区接壤 30 公里，南距佛山市区、北距白云国际机场均为 10 多公里，坐拥广佛两大都市的资源辐射，是广佛同城的核心先导区。辖区面积 148.28 平方公里，总人口 39.6 万人，其中户籍人口 13.85 万人。下辖 16 个村委会，22 个社区。

里水镇先后获评国际安全社区、中国香水百合名镇、全国环境优美乡镇、全国文明镇、全国安全社区、国家 AAAA 级旅游景区等称号。

2017 年实现地区生产总值 340 亿元，同比增长 8.6%；税收 56.7 亿元；工业总产值 1015.4 亿元，同比增长 9.2%，综合实力排名全国科学发展千强镇第 12 位，经济社会发展量质并重、稳步提升。

近年来，里水镇围绕"一产转型、二产提升、三产优化"的发展思路加快调整产业结构。同时，里水镇通过实施公园化战略、美村计划、三河六岸景观提升等工程不断提升城市的颜值、品位。

四　里水镇历史文化

里水镇历史悠久，人杰地灵，明、清年代里水相继出了 1 名进士、4 名举人，并兴建了 3 间书院——里水的同声社学、丰岗的凤歧书院、邓岗的崇正书院。里水镇也成为文化鼎盛之乡，涌现了姚大宁、吴光龙、陈宁等明清两朝历史人物，文人骚客多聚于此开班讲学。里水物宝天华，拥有文头岭窑址、金山古寺、西华古寺、北涌亭、宝象林寺舍利塔、富寿石桥等历史遗迹。

如今围绕打造"梦里水乡"品牌，里水大力发展观光旅游业，成功创建国家 AAAA 级旅游景区。重点建设三大品牌项目，其中"梦里水乡"岭南文化水乡风情带全面建成，可乘船畅享水乡风情，梦里水乡百花园四季花海精彩不断，贤鲁岛生态旅游度假区成为广佛游客休闲胜地。每年在万顷洋举办的百合花文化节均吸引数十万游客前来观赏，"梦里水乡"的知名度和美誉度不断提升。

五　桂城街道经济社会发展概况

桂城街道地处南海区东部，是南海中心城区，东西两翼分别与广州、佛山两市的中心城区相连，南部接壤顺德和番禺，辖区面积 84.16 平方公里。桂城是全国珠宝玉石首饰特色产业基地、广东机械装备专业镇、广东省村务公开民主管理示范街道、全国规范化家长学校实验区和全国社区教育示范镇。

桂城街道 2017 年地方生产总值 535 亿元，保持 8.5% 的高增长率；工业总产值 491 亿元，同比增长 12.99%；全社会固定资产投资 217 亿元，占全区的 18.12%，同比增长 15.02%；税收 147.52 亿元，经济持续稳定发展。2017 年，桂城引入超亿元项目 27 个，计划投资近 185 亿元，超 10 亿元项目 19 个，总投资额达 518 亿元。与国际十大商协会建立合作关系，推进产业载体与五大中介行对接，链接优质资源。

公共交通进一步完善，形成了轨道交通、公交、公共自行车齐头并进的多层次公共交通网络；开展学校建设"双翼"工程和教育质量提升"双品"工程，加快建设广东省人民医院南海医院；社会保障救助体系不断完善，全面整合和改善了政府各项相关的城市建设、社区管理、社会保障、慈善等工作，通过创建熟人社区，全城义工等一系列创举，推进非户籍人口融入基层治理工作，形成具有鲜明特色的社会关爱文化，社会力量成为城市民生事业发展的一大重要力量。

六 桂城街道文化

桂城是一片人才辈出的宝地，养育了明朝太师梁储、状元伦文叙、近代武学宗师林世荣、著名爱国人士何香凝以及现代粤剧名伶林超群、林小群、林锦屏等英才。同时桂城的民间文化资源非常丰富，被评为"广东省民间文化艺术之乡""佛山市城乡十分钟文化圈建设示范镇街"。十番锣鼓已有 600 多年历史，是仅在叠滘地区传承下来的民间传统演技。在石（硝）地区还保留了传统广绣文化，手工刺绣仍然在当地妇女中传承。另外桂城还是佛山扎纸花灯的创始地。近年来，桂城街道加大优质文化供给，做好文化保育传承工作，深入打造都市型文化品牌项目，建设广佛文化服务高地。

七 叠北社区、金溪社区人口特征

叠北社区下辖有庆云、村头、澳边、东胜、潭头、新约 6 个自然村和 2 个住宅新区，总人口 3.27 万，其中 1.17 万户籍人口（男性 5736 人，女性 5963 人）和 2.1 万外来流动人口（男性 12424 人，女性 8893 人）。产业以工业和销售业为主，出租屋 1300 多间。

金溪社区辖下有 7 个村民小组和 1 个居民小组，常住人口 14956 人（户籍人口 6460 人，男 3434 人，女 3026 人；流动人口 8496 人，男 5846 人，女 2650 人）。商铺 622 间，企业 82 家，出租屋 2023 个房间。

第二章　总报告

改革开放 40 多年来，我国经历了持续大规模的人口流动，流动人口总量呈现飞速增长的趋势，从 1982 年的 657 万升至 2010 年的 2.21 亿，从 2011 年的 2.30 亿到 2014 年的 2.53 亿，2015~2016 年我国流动人口虽然有所下降，分别为 2.47 亿、2.45 亿，但在我国城乡以及地区发展不平衡的前提下，毋庸置疑，流动人口仍将继续从农村、欠发达地区向城市、发达地区转移，大规模的人口流动还将是我国经济社会发展中重要的人口现象。当下，我国人口流动已呈现普遍化、流动时间长期化、流动方式家庭化等特点与发展趋势，庞大的流动人群已经成为我国经济社会发展不容忽视的群体与力量。持续大规模的人口流动对城市社会的经济、人口、资源、环境等诸多方面都带来了巨大且深远的影响。流动人口在为城市的繁荣与发展注入强大活力的同时，还带来诸如劳动就业、社会保障、子女教育、城市服务与社会管理、留守老人、留守妇女、留守儿童等一系列社会问题。流动人口的家庭发展与社会融合问题已经成为事关我国城乡经济全面发展、社会安定和谐的重大问题。

为更好地适应中央和国家卫生健康委对流动人口工作的部署要求，服务于国家人口发展战略需要，保障流动人口政策决策精准化、创新常态化、管理服务现代化，国家卫生健康委流动人口服务中心决定与地方开展合作，建立流动人口基层调查联系点，利用基层调查联系点加强对流动人口社会融合等重大议题的调查研究、持续跟踪、个案剖析，为全面深化流动人口体制机制改革创新提供实践支撑。

流动人口服务中心组织各调查联系点于 2017 年 1 月 23 日至 2 月 15 日在流出地、2017 年 2 月 17 日至 3 月 15 日在流入地进行了基线调查。2017 年 9 月赴部分联系点进行了定性调查。在此基础上，形成了基线调查总报告与分报告。在基线调查的基础上，流动人口服务中心于 2018 年 2 月 9 日至 3 月 16 日在流出地、2018 年 3 月 8 日至 4 月 13 日在流入地进行了追踪调查。2018 年 5 ~ 6 月赴部分联系点进行了定性调查，形成追踪调查报告。

一 调查对象及样本分布

调查对象为在流入地居住一个月及以上，非该区（县、市）户口的 16 周岁及以上的流动人口（其中基线调查为 2000 年 12 月及以前出生，追踪调查为 2001 年 12 月及以前出生）。

基线调查在 4 个调查联系点共发放问卷 1812 份，有效问卷 1811 份，有效回收率 99.9%。追踪调查在 4 个调查联系点共发放问卷 1798 份，有效回收率 99.9%。样本具体分布情况如表 2 - 1 所示。

表 2 - 1 样本分布情况

省份	调查点	样本（份）		有效回收率（%）	
		2017 年	2018 年	2017 年	2018 年
吉林	八家子村	300	300	100	100
湖南	西元村	512	498	100	99.6
广东	金溪社区	500	500	99.9	100
	叠北社区	500	500		
合计		1812	1798	99.9	99.9

二 流动人口基本情况

（一）男性占比高于女性

总体来看，男性流动人口占比高于女性流动人口，无论是基线调查还是追踪调查，均是如此。相比而言，2018 年调查中，女性流动人口占比有所提高，从 2017 年的 41.0% 上升到 2018 年的 43.3%。具体到各调查联系点来看，2018 年南海区流动男性占 52.7%，女性占 47.3%。西元村流出男性占 56.6%，女性流动人口占 43.4%。八家子村流出男性占 70.0%，女性占 30.0%。八家子村作为人口流出地，其男性外出人口明显高于女性外出人口，前者是后者的 2 倍以上。与 2017 年相比，2018 年南海区、西元村男女流动人口占比变化不大，八家子村男女流动人口占比变化明显，女性流动人口由 2017 年的占 24% 提高到 2018 年的占 30%（见表 2 - 2）。

表 2 - 2　流动人口的性别结构

单位：%

省份	调查点	2017 年		2018 年	
		男性	女性	男性	女性
吉林	八家子村	76.0	24.0	70.0	30.0
湖南	西元村	57.8	42.2	56.6	43.4
广东	南海区	54.4	45.6	52.7	47.3
总体		59.0	41.0	56.7	43.3

（二）平均年龄偏大

各调查联系点流动人口的整体年龄偏大，2017 年、2018 年流动人口平均年龄分别为 36.3 岁、37.0 岁。从各调查联系点来看，2017 年南海区流动人口的平均年龄为 34.2 岁，西元村流动人口的平均年龄为 35.4 岁、八家子村流动人口的平均年龄为 38.0 岁。2018 年南海区、西元村、八家子村流动人口的平均年龄分别为 36.4 岁、36.6 岁、39.4 岁（见表 2 - 3）。《中国流动人口发展报告 2017》的数据显示，2016 年全国流动人口平均年龄为 29.8 岁。可见，调查联系点流动人口的平均年龄明显偏高，尤其是八家子村。进一步从代际来看，"80 前"流动人口占到 44.4%，"80"～"90"流动人口占到 32.5%，"90 后"流动人口占到 23.0%。可见，"80 后"、"90 后"流动人口是流动人口的主力军。

表 2 - 3　流动人口的平均年龄

单位：岁

区域	平均年龄	
	2017 年	2018 年
八家子村	38.0	39.4
西元村	35.4	36.6
南海区	34.2	36.4
总体	36.3	37.0

（三）初婚流动人口占七成以上

流动人口中已婚人群居多，且多为初婚。2017、2018 年流动人口中初婚者分别占到 73.9%、76.1%，未婚者分别占到 23.5%、19.1%。从再婚流动人口所占的比例来看，2018 年西元村流动人口再婚的比例高于调查联系点总体。八家子村流动人口离婚/丧偶的比例明显高于调查联系点总体（见表 2 - 4）。

表 2 - 4　流动人口的婚姻状况

单位：%

区域	未婚		初婚		再婚		离婚/丧偶	
	2017 年	2018 年	2017 年	2018 年	2017 年	2018 年	2017 年	2018 年
八家子村	20.7	17.7	75.3	74.3	0.0	2.3	4.0	5.7
西元村	19.8	19.7	78.2	74.7	0.8	3.4	1.2	2.2
南海区	26.2	19.2	71.3	77.4	1.7	1.7	0.8	1.7
总体	23.5	19.1	73.9	76.1	1.2	2.3	1.4	2.5

（四）受教育水平偏低

流动人口的受教育水平偏低。2018 年，初中及以下学历者占到 71.0%，其中，初中学历者占到 53.8%、小学及以下学历者占到

17.2%。高中学历、大专及以上学历者分别占到 20.8%、8.2%。与 2017 年相比,2018 年的初中及以下学历者占比降低了将近 5 个百分点。大专及以上学历的流动人口占比则有明显提升,提高了 6.1 个百分点。西元村、南海区流动人口中初中及以下受教育水平者分别占到 84.3%、72.5%,比总体分别高出 13.3 个、1.5 个百分点。八家子村的流动人口,受教育水平相对较高,高中、大专及以上学历者流动人口分别占到 47.3%、8.7%,但初中及以下学历者仍占到 44.0%(见表 2 - 5)。

表 2 - 5 流动人口的受教育水平

单位:%

区域	小学及以下		初中		高中		大专及以上	
	2017 年	2018 年	2017 年	2018 年	2017 年	2018 年	2017 年	2018 年
八家子村	20.7	9.3	66.0	34.7	8.0	47.3	5.3	8.7
西元村	26.6	24.9	56.8	59.4	11.9	8.8	4.7	6.8
南海区	17.4	15.7	51.1	56.8	20.4	18.7	11.1	8.8
总体	20.5	17.2	55.1	53.8	22.3	20.8	2.1	8.2

(五)流动人口以跨省流动为主

2018 年,跨省流动者占到 61.5%,省内跨市流动者占到 27.4%,市内跨县流动者占到 11.1%。与 2017 年相比,流动人口的流动范围变化较小。具体到各联系点来看,呈现不同的特点。流入南海区、从西元村流出的流动人口均以跨省流动为主,分别占到 55.2%、93.8%。南海区省内跨市流动人口占 44.8%。西元村流动人口中,省内跨市、市内跨县流动人口分别仅占到 4.0%、2.2%。八家子村流动人口中,市内跨县流动者占到 63%,跨省流动人口占到 29%,省内跨市流动人口占到 8%(见表 2 - 6)。可见,八家子村流动人口以省内流动为主,呈现市内跨县的小范围流动的特点。与 2017 年相比,八家子村流动人口中跨省流动、省内跨市流动的比例均有不同程度的提升。

表 2－6　流动人口的流动范围

单位：%

区域	跨省流动		省内跨市		市内跨县	
	2017 年	2018 年	2017 年	2018 年	2017 年	2018 年
八家子村	25.7	29.0	5.3	8.0	69.0	63.0
西元村	93.6	93.8	4.3	4.0	2.1	2.2
南海区	56.4	55.2	43.3	44.8	0.3	0.0
总体	61.8	61.5	25.9	27.4	12.2	11.1

（六）因务工经商而流动者占九成以上

经济是流动人口外出的最主要的驱动力，从流动原因来看，外出务工经商者均占到九成以上。2018 年，南海区、西元村、八家子村流动人口中流动原因为外出务工经商者分别占到 94.8%、97.8%、84.7%。与 2017 年相比，八家子村流动人口中因务工经商而流动的比例明显降低，降低了将近 10 个百分点（见表 2－7）。

表 2－7　流动人口的流动原因

单位：%

区域	务工经商		其他原因	
	2017 年	2018 年	2017 年	2018 年
八家子村	94.3	84.7	5.7	15.3
西元村	94.9	97.8	5.1	2.2
南海区	93.1	94.8	6.9	5.2
总体	93.9	93.9	6.1	6.1

三　流动人口的劳动就业特征

（一）职业层次较低

2018 年，流动人口的职业层次相对较低，多从事商业服务（60.9%）、生产制造（27.5%），干部及专业技术人员所占比例较低，仅占到 8.1%。与 2017 年相比，流动人口的职业层次有进一步降低的趋势。干部及专业技术工作人员的占比下降了 3 个百分点。南海区流动人口中从事商业服务、生产制造的流动人口分别占到 71.3%、18.5%。西元村流动人口中从事商业服务、生产制造者分别占到 42.3%、45.8%。八家子村流动人口中从事商业服务、生产制造者分别占到 59.1%、24.6%（见表 2-8）。

表 2-8　流动人口的职业结构

单位：%

区域	干部及专业技术		商业服务		生产制造		无固定职业及其他	
	2017 年	2018 年	2017 年	2018 年	2017 年	2018 年	2017 年	2018 年
八家子村	12.7	4.0	39.1	59.1	35.6	24.6	12.7	12.3
西元村	13.8	7.9	40.5	42.3	40.3	45.8	5.5	4.0
南海区	9.2	9.4	73.4	71.3	15.2	18.5	2.2	0.8
总体	11.1	8.1	58.2	60.9	25.8	27.5	4.9	3.5

（二）就业行业多为批发零售业

2018 年，流动人口在批发零售行业就业的比例较高，占到 25.7%。换言之，1/4 的流动人口在批发零售行业就业。流动人口在制造业就业的占比紧随其后，占到 23.8%。流动人口在居民服务、修理和其他服务业就业的占比位居第三，占到 15.6%。与 2017 年相比，流动人口就业的行业结构未发生明显变化。具体到各调查联系点来看，呈现出不同的模式。南海区、八家子村流动人口就业行业集中在批发零售业，在这一行业就业者占到 34.9% 和 34.1%，西元村流动人口则集中在制造业（41.3%）（见表 2-9）。

表 2-9　流动人口就业的行业结构

单位：%

区域	制造业		建筑业		批发零售业		住宿餐饮业	
	2017 年	2018 年	2017 年	2018 年	2017 年	2018 年	2017 年	2018 年
八家子村	7.0	4.0	31.3	24.2	24.3	34.1	5.3	3.2
西元村	40.3	41.3	7.2	5.8	5.7	4.0	12.2	12.9
南海区	19.1	20.1	3.8	3.9	35.3	34.9	11.1	16.1
总体	23.1	23.8	9.4	7.6	25.0	25.7	10.5	13.2

续表

区域	居民服务、修理和其他服务业		其他行业	
	2017 年	2018 年	2017 年	2018 年
八家子村	15.1	25.0	16.9	9.5
西元村	13.7	11.9	20.9	24.2
南海区	22.2	14.9	8.5	10.1
总　体	18.6	15.6	13.5	14.1

（三）就业单位多为个体、私营企业

2018 年，流动人口在个体（31.9%）、私营企业（39.3%）任职者占到 71.2%，即超七成的流动人口在个体、私营企业任职。流动人口在国有企事业单位任职的比例较低，仅有不到 5%。与 2017 年相比，流动人口在个体及私营企业任职的比例下降了 3.8 个百分点。南海区流动人口在个体及私营企业任职者分别占到 42.4%、25.4%。西元村流动人口在私营企业中任职的比例高达 70.6%。八家子村流动人口在个体、私营企业中任职的比例分别为 40.1%、29.4%（见表 2–10）。

表 2–10　流动人口就业的单位性质

单位：%

区域	国有企事业单位		外资/合资企业		股份/联营企业	
	2017 年	2018 年	2017 年	2018 年	2017 年	2018 年
八家子村	8.8	7.1	0.4	0.8	1.1	0.4
西元村	8.0	7.5	5.1	4.6	2.5	3.5
南海区	1.9	1.8	0.2	0.7	13.9	17.5
总体	4.8	4.3	1.6	1.8	8.5	10.8

区域	个体及私营企业		无单位及其他	
	2017	2018	2017	2018
八家子村	68.7	69.5	21.1	22.2
西元村	80.6	78.5	3.8	5.9
南海区	74.1	67.8	9.9	12.2
总　体	75.0	71.2	10.1	11.9

（四）就业身份为雇员者占近八成

2018 年，流动人口就业身份为雇员者占到 75.2%，自营劳动者、雇主分别占到 10.6%、13.9%。与 2017 年相比，就业身份为雇主的比例有所提升，提高了 4.2 个百分点。西元村流动人口就业身份为雇员者最高，占到 92.3%。与 2017 年相比，南海区、八家子村流动人口中就业身份为雇主的比例均有不同程度的提升，分别提升了 5.3 个、11.5 个百分点（见表 2-11）。

表 2-11 流动人口的就业身份

单位：%

区域	雇员		雇主		自营劳动者		其他	
	2017 年	2018 年	2017 年	2018 年	2017 年	2018 年	2017 年	2018 年
八家子村	79.9	73.8	5.6	17.1	10.2	8.3	4.2	0.8
西元村	93.0	92.3	3.8	2.1	2.7	5.4	0.4	0.2
南海区	68.8	66.5	14.0	19.3	16.7	13.9	0.6	0.2
总体	77.6	75.2	9.7	13.9	11.6	10.6	1.1	0.3

（五）劳动合同签订率不高

2018 年，流动人口签订各类劳动合同的比例仅有 62.2%，其中，签订有固定期限劳动合同的比例占到 41.0%，签订无固定期限劳动合同的比例占到 19.7%，完成一次性工作任务/试用期合同的比例占到 1.5%（见表 2-12）。2018 年流动人口中未签订任何劳动合同的比例占到 37.3%。与 2017 年相比，流动人口劳动合同的签订比例明显提升。2018 年流动人口未签订劳动合同的比例比 2017 年下降了 15.6 个百分点。具体到各调查联系点来看，八家子村流动人口未签订劳动合同者明显偏高，占到 77.4%（见表 2-13）。

（六）收入水平较低

流动人口的平均年收入多在 20001~50000 元，2018 年南海区、西元村、八家子村分别有 62.7%、78.01%、68.7% 的流动人口年均收入集中在这一区间（见表 2-14）。

表 2 - 12   流动人口的劳动合同签订

单位：%

区域	有固定期限		无固定期限		完成一次性工作任务/试用期	
	2017 年	2018 年	2017 年	2018 年	2017 年	2018 年
八家子村	13.2	11.8	0.0	6.5	0.4	2.7
西元村	41.3	41.3	12.0	24.2	0.9	0.2
南海区	38.0	49.8	11.5	20.4	1.6	2.2
总体	34.8	41.0	9.7	19.7	1.2	1.5

区域	未签订劳动合同		不清楚	
	2017 年	2018 年	2017 年	2018 年
八家子村	83.7	77.4	2.6	1.6
西元村	45.4	33.6	0.5	0.7
南海区	47.1	27.6	1.8	0.0
总体	52.9	37.3	1.5	0.5

表 2 - 13   流动人口的年均收入

单位：%

区域	2 万元及以下		2 万 ~ 3 万元		3 万 ~ 5 万元		5 万 ~ 8 万元		8 万元及以上	
	2017 年	2018 年	2017 年	2018 年	2017 年	2018 年	2017 年	2018 年	2017 年	2018 年
八家子村	4.7	14.1	11.9	38.4	58.5	30.3	22.1	10.9	2.8	6.3
西元村	16.5	8.25	26.0	23.04	44.4	54.97	9.4	10.36	3.8	3.38
南海区	9.0	18.8	23.0	32.6	41.7	30.1	18.5	11.9	7.8	6.6

四　流动人口社会融合的特点

经济是流动人口生存发展及社会融合的前提与基础。流动人口经济状况的改善与提高，不仅有助于生活水平的提升，而且有助于流动人口家庭发展及其他方面的融合。经济立足部分，主要通过职业、收入水平、劳动合同、社会保险、居住状况五个指标来衡量。

（一）经济立足状况

1. 受教育程度较高的流动人口职业声望相对较高

较高的职业层次不仅有利于收入的提高、经济地位的改善，而且有助于社会地位的提高，扩大其社会网络，进而有助于流动人口其他方面的融合。前述分析结果表明，流动人口的职业层次较低，职业声望不高。进一步分性别、代际、受教育程度来看，如表2－14所示，女性流动人口的职业层次相对较高，女性流动人口中干部及专业技术者占到9.4%，男性流动人口从事这一职业者仅7.3%。尽管两者之间差异不大（2.1个百分点）。女性流动人口中从事商业服务的比例比男性高出2.5个百分点，但从事生产制造者则比男性低出2.8个百分点。流动人口中，干部及专业技术、商业服务职业者所占的比例随着年龄的增大而逐渐降低。"90后"流动人口、"80"～"90"流动人口、"80前"流动人口中干部及专业技术者分别占到13.4%、11.4%、3.4%。而商业服务业者则分别占到66.5%、61.4%、58.1%。"90后"流动人口中从事生产制造的比例分别比"80"～"90"、"80前"流动人口低9个、19.4个百分点。随着受教育程度的提升，流动人口的职业层次不断提高，小学及以下、初中、高中、大专及以上受教育程度的流动人口，从事干部及专业技术职业的比例分别为2.2%、3.7%、9.6%、44.2%。在从事干部及专业技术职业的流动人口中，大专及以上受教育程度的流动人口比小学及以下者高出42个百分点。教育作为衡量人力资本水平的重要指标，在流动人口职业声望的改善与提升中起着十分重要的作用。

表2－14 分性别、代际、受教育程度的流动人口职业结构

单位：%

项目		干部及专业技术人员	商业服务人员	生产制造人员	无固定职业及其他
性别	男	7.3	59.9	28.6	4.2
	女	9.4	62.4	25.8	2.5

项目		干部及专业技术人员	商业服务人员	生产制造人员	无固定职业及其他
代际	"80前"	3.4	58.1	34.9	3.6
	"80"~"90"	11.4	61.4	24.5	2.6
	"90后"	13.4	66.5	15.5	4.7
教育	小学及以下	2.2	55.9	38.9	3.0
	初中	3.7	63.9	29.1	3.3
	高中	9.6	65.6	20.1	4.7
	大专及以上	44.2	39.9	13.0	2.9

2. 男性、"80后"、"90后"、受教育程度较高的流动人口收入水平相对较高

收入水平是衡量流动者是否实现经济融合的一个重要指标。收入水平反映了流动人口的经济地位，是流动人口社会融合的经济基础和重要保障。流动人口的平均年收入4.7万元，平均月收入为3916.67元，这表明，流动人口具备一定的经济基础。

进一步从性别、代际、教育、婚姻状况等方面来看，男性流动人口的收入水平明显高于女性，女性流动人口年收入在3万元以下者占到42.3%，男性流动人口占到26.3%。女性流动人口比男性流动人口高出16个百分点。男性流动人口年收入在5万~8万元、8万元及以上的比例分别比女性流动人口高出6.9个、5.4个百分点。不难理解，男性流动人口在劳动力市场中具有相对优势，女性流动人口由于生育、家庭的压力，在劳动力市场中往往面临显性或隐性的歧视。"80"~"90"流动人口相比于80前流动人口在年龄上具有优势，相比于"90后"流动人口，又具有一定的经验优势，因此，"80"~"90"流动人口凭借其人力资本优势，年收入相对较高。"80"~"90"流动人口年收入在5万~8万元的比例为20%，分别比"80前"流动人口、"90后"流动人口高出6.1个、4.2个百分点。"80"~"90"流动人口年收入在8

万元及以上的占到 8.9%，分别比"80 前"流动人口、"90 后"流动人口高出 5.5 个、2.7 个百分点。

　　流动人口的收入水平与受教育程度之间呈现出正向的关系，即随着受教育程度的提升，流动人口的收入水平不断提升。小学及以下学历的流动人口年收入在 3 万元及以下的占到 51.3%，而大专及以上学历的流动人口年收入在 3 万元及以下的则仅占 13.7%，两者之间相差 37.6 个百分点。大专及以上学历的流动人口年收入在 8 万元及以上的占到 14.4%，而小学及以下学历的流动人口年收入在 8 万元及以上的仅占到 3.0%（见表 2 - 15）。

表 2 - 15　分性别、代际、受教育程度的流动人口年收入

单位：%

项目		2 万元及以下	2 万 ~ 3 万元	3 万 ~ 5 万元	5 万 ~ 8 万元	8 万元及以上
性别	男	8.5	17.8	46.5	19.1	8.0
	女	13.5	28.8	43.0	12.2	2.6
代际	"80 前"	14.2	26.0	42.6	13.9	3.4
	"80" ~ "90"	7.6	15.2	48.3	20.0	8.9
	"90 后"	7.8	24.9	45.3	15.8	6.2
教育	小学及以下	15.9	35.4	34.7	11.1	3.0
	初中	12.0	22.4	47.0	14.0	4.6
	高中	5.0	16.3	49.0	21.9	7.9
	大专及以上	4.3	9.4	43.9	28.1	14.4

　　3. 人力资本水平越高，就业单位越规范，流动人口的劳动合同签订率越高

　　劳动合同是流动人口维护自身合法权益的重要保障。前述的分析表明，流动人口签订劳动合同的比例不高。进一步分性别、代际、受教育程度、职业行业、单位性质来看。女性流动人口劳动合同的签订率略高于男性，但是，两者之间差别不太明显。"80 前"流动人口的劳动合同签订率明显不如"80 后"流动人口，"80 前"流动人口中，未签订劳动合同者占到 42.1%。受教育程度与劳动合同的签订之间呈现出正向关系，即随着受教育程度的提升，流动人口签订劳动合同的比例不断上

升，小学及以下、初中、高中、大专及以上学历的流动人口，签订劳动合同的比例分别为 55.5%、62.9%、56.2%、82.3%。小学及以下学历流动人口比大专及以上学历流动人口签订劳动合同的比例低 26.8 个百分点。从职业来看，干部及专业技术人员签订劳动合同的比例达到93.1%，明显高于从事其他职业者。从行业来看，制造业签订劳动合同的比例相对较高，建筑业签订劳动合同的比例明显偏低，仅有 23.4% 的流动人口签订了劳动合同。建筑行业用工不规范，层层转包、分包现象严重，这是其劳动合同签订率低下的一个非常重要的原因。国有及企事业单位、股份/联营企业、外资及合资企业由于企业规模相对较大，管理规范，与员工签订劳动合同的比例相对较高。而个体工商户、私营企业规模小，管理不规范，劳动合同的签订比例分别仅有 47.2%、59.4%。

表 2 – 16 分性别、代际、受教育程度、职业、行业、单位的流动人口劳动合同签订

单位：%

项目		签订劳动合同	未签订劳动合同	不清楚
性别	男	61.6	37.7	0.7
	女	63.1	36.7	0.2
代际	"80 前"	57.0	42.1	1.0
	"80 ~ 90"	65.9	34.1	0.0
	"90 后"	66.6	33.1	0.4
教育	小学及以下	55.5	43.5	1.0
	初中	62.9	36.6	0.5
	高中	56.2	43.5	0.4
	大专及以上	82.3	17.7	0.0
职业	干部及专业技术人员	93.1	6.9	0.0
	商业、服务业人员	62.0	37.8	0.2
	生产制造人员	57.0	42.0	0.9
	无固定职业及其他	18.4	78.9	2.6
行业	制造业	66.6	32.6	0.8
	建筑业	23.4	74.8	1.9
	批发零售业	62.3	37.3	0.5
	住宿餐饮业	55.6	44.4	0.0
	居民服务、修理和其他	55.6	44.4	0.0
	其他行业	84.0	16.0	0.0

续表

项目		签订劳动合同	未签订劳动合同	不清楚
单位	国有及企事业单位	87.0	13.0	0.0
	股份/联营企业	92.5	7.5	0.0
	个体工商户	47.2	52.8	0.0
	私营企业	59.4	40.3	0.3
	外资及合资企业	90.0	6.7	3.3
	无单位	30.0	66.3	3.8
	其他	65.0	35.0	0.0

4. 社会保险参保比例较低，劳动合同的签订，就业单位等显著影响流动人口社会保险的参保水平

流动人口社会保险以计数为主，城镇职工医疗保险、城镇职工养老保险、失业保险、工伤保险、住房公积金分别计数为1，未参加计数为0。流动人口参加社会保险的比例较低，平均参保险种为0.78种。79.7%的流动人口未参加城镇职工医疗保险、城镇职工养老保险、失业保险、工伤保险、住房公积金中的任何一种。流动人口中，"四险一金"全部参与的比例仅占6.0%。

表 2-17　流动人口的社会保险

单位：种，%

参保种数	占比
0	79.7
1	1.6
2	1.8
3	1.3
4	9.6
5	6.0

从各类社会保险的参保情况来看，流动人口参加工伤保险的比例相对较高，但也仅占到18.7%。流动人口参加城镇职工养老保险、失业

保险的比例均在 17.5% 左右。流动人口参加住房公积金的比例最低，仅有 7.8%，以上各类保险的参保地点以流入地为主（见表 2－18）。

表 2－18　流动人口各类社会保险的参保率及参保地

单位：%

保险种类	参保情况		参保地点	
	未参加	参加	流入地	流出地
城镇职工医疗保险	83.9	16.1	94.5	5.5
城镇职工养老保险	82.5	17.5	94.9	5.1
失业保险	82.4	17.6	96.6	3.4
工伤保险	81.3	18.7	95.3	4.8
住房公积金	92.2	7.8	96.5	3.6

进一步将新型农村合作医疗保险、城镇居民医疗保险、城乡居民合作医疗保险、城镇职工医疗保险等各种医疗保险进行合并，流动人口参加其中任何一项医疗保险表示其有医疗保险，否则视为无医疗保险。同样，流动人口参加城镇居民养老保险、新型农村养老保险、城镇职工养老保险中的任何一种将其视为有养老保险，否则视为无养老保险。如表 2－19 所示，流动人口有医疗保险的比例为 93.6%，其中，有医疗保险者中，重复参保的比例在 9.0%。流动人口有养老保险的比例相对较低，仅有 26.5%，其中，有养老保险者中，重复参保的比例在 3.6%。

表 2－19　流动人口医疗保险、养老保险的参保情况

单位：%

保险种类	有	无
医疗保险	93.6	6.4
养老保险	26.5	73.5

如表 2－20 所示，"80"～"90"流动人口的社会保险参保水平相对较高，平均参加险种为 0.9 种，其次为"80 前"流动人口和"90

后"流动人口，平均参加险种为 0.7 种。劳动合同的签订显著促进流动人口社会保险参保水平的提升，签订劳动合同的流动人口，平均参加 1.5 种社会保险，而未签订劳动合同的流动人口，平均参加 0.2 种社会保险。从就业行业来看，制造业参加社会保险的比例相对较高，平均参加险种为 1.0 种。其次为批发零售行业，平均参加险种为 0.9 种。住宿餐饮业、建筑业社会保险的参保水平相对较低，分别仅有 0.3 种、0.1 种。就业单位性质对流动人口社会保险的参保影响较高。在国有企事业单位、外资及合资企业、股份/联营企业就业的流动人口，社会保险的参保水平相对较高，平均参加险种分别为 2.5 种、2.4 种、2.3 种。在个体工商户、私营企业就业的流动人口，社会保险的参保水平较低，平均参加险种分别仅为 0.4 种、0.7 种。流动人口社会保险参保水平较低，既有企业因素，也有流动人口自身因素。从企业来看，企业越正规、规模越大，参与社会保险的比例越高。中小企业、私营企业出于员工流动性和成本等方面考虑，通过各种办法逃避为农民工缴纳相应的社会保险。从农民工个体来看，他们的参保意识淡薄，出于眼前利益的考虑，再加上流出地新农合、新农保的支撑，往往愿意配合单位钻政府监管漏洞，通过工资补贴的方式逃避缴纳社保。从流动范围来看，省内跨市流动流动人口的社会保险参保比例明显高于跨省流动、市内跨县流动者，平均参与险种达到 1.1 种。市内跨县流动人口的社会保险参与水平较低，平均参与险种仅有 0.3 种。我国城乡二元经济社会结构、户籍制度的影响和制约以及地方政府主导的社会福利与公共服务的提供，赋予了社会公民身份特征明显的地域色彩，由此，使得各个不同区域的政府可以自行决定本地的公共福利供给及标准。跨省流动人口由于跨越的行政区划较大，面临的流入地与流出地的公共福利供给及标准的差异也较大，社会保险转移接续的难度也较大。因此，相比而言，跨省流动人口在社会保险的转移接续方面，面临着比省内跨市、市内跨县流动人口更大的困难。市内跨县流动人口的城镇职工医疗保险、城镇职工养老保险、失业保险等社会保险的参保水平较低，则是因为，社会保险可以市内统筹，他们基于眼前利益考虑，往往会选择参加老家的新农合、新农保，而在流入地的社会保险参与方面，则与企业形成一定的共识，通过一定的现金补贴，免于缴纳社会保险。

表 2 - 20　分劳动合同、行业、单位性质的流动人口社会保险

单位：种

项目		平均参加险种
代际	"80 前"	0.7
	"80" ~ "90"	0.9
	"90 后"	0.7
劳动合同	签订合同	1.5
	未签订合同	0.2
	不清楚	0.00
就业行业	制造业	1.0
	建筑业	0.1
	批发零售业	0.9
	住宿餐饮业	0.3
	居民服务、修理和其他	0.6
	其他行业	1.7
就业单位	国有企事业单位	2.5
	股份/联营企业	2.3
	个体工商户	0.4
	私营企业	0.7
	外资及合资企业	2.4
	无单位	0.1
	其他	0.8
流动范围	跨省流动	0.7
	省内跨市	1.1
	市内跨县	0.3

5. 流动人口以租房为主，占到七成

流动人口以租房为主，租房居住者占到 74.7%。单位/雇主提供免

费住房者占到 15.7% 。仅有 5.1% 的流动人口购买了商品房或政策性保障房。有约 3.2% 的流动人口居住在就业场所（见表 2 - 21）。

表 2 - 21   流动人口的住房性质

单位：%

住房性质	占比
租房	74.7
单位/雇主提供免费住房	15.7
购房	5.1
就业场所	3.2
其他	1.3

进一步从性别、代际、教育、婚姻状况来看，女性流动人口租房居住的占比较高，男性流动人口居住在单位/雇主提供的免费住房、就业场所的比例较高，这可能与两者之间的就业性质有关。例如，男性在建筑行业中从业者较多。建筑行业工地一般会有工棚，临时居住场所。从婚姻状况来看，在婚人群租房、购房的比例相对较高，不在婚人群居住在单位/雇主提供的免费住房的比例较高（见表 2 - 22）。

表 2 - 22   分性别、代际、教育、婚姻的流动人口住房状况

单位：%

项目		租房	单位/雇主提供的免费住房	购房	就业场所	其他
性别	男	71.6	17.1	4.9	5.0	1.4
	女	78.8	13.8	5.4	0.8	1.3
代际	"80 前"	75.4	12.3	5.6	4.7	2.0
	"80" ~ "90"	77.5	12.7	6.2	2.6	1.0
	"90 后"	68.1	29.0	2.0	0.6	0.3
教育	小学及以下	73.1	16.8	4.2	3.2	2.6
	初中	76.9	15.2	5.0	1.9	0.8
	高中	69.2	16.4	6.2	6.7	1.6
	大专及以上	77.7	14.2	4.1	2.7	1.4

项目		租房	单位/雇主提供的免费住房	购房	就业场所	其他
婚姻	不在婚	66.2	28.9	2.1	1.0	1.8
	在婚	77.1	12.0	6.0	3.8	1.2

（二）社会接纳状况

社会接纳是流动人口融入流入地的重要基础。社会接纳既涉及社会整体的接纳氛围，基本公共服务均等化，也涉及流入地居民对流动人口的态度、流动人口与本地居民之间的交往等。在流动人口的社会接纳部分，主要通过职业培训、感受到来自本地人的接纳以及社会交往三方面来考察。

1. 流动人口参加职业技能培训的比例相对较低，仅有不到1/3的流动人口参加过职业技能培训

职业技能培训是提升流动人口人力资本水平的重要手段。然而，流动人口参加过职业技能培训的比例较低，仅占到30.3%。参加过职业培训的流动人口中，培训费用全免的占到74.6%、培训费用部分免费的占到14.7%、培训费用全部自费的占到10.7%。进一步分性别、代际、教育、婚姻、职业、行业、单位性质来看，男性流动人口参加职业培训的比例高于女性流动人口，"90后"流动人口参加职业培训的比例最高，"80前"流动人口参加职业培训的比例最低，"80"～"90"流动人口参加职业培训的比例略低于"90后"流动人口。随着受教育程度的提高，流动人口参加职业培训的比例也不断上升。小学及以下、初中、高中、大专及以上受教育程度者参加职业培训的比例分别为16.5%、30.5%、31.9%、53.4%。与在婚人群相比，未婚人群参加职业培训的比例相对较高，我们实地走访中也发现，在婚人群忙于家庭、孩子教育，往往难以有时间参加相关的培训与社区活动。从流动人口的职业来看，干部及专业技术人员参加职业培训的比例明显较高，达到

65.4%。从就业行业来看，居民服务、修理和其他行业参加职业技能培训的比例明显更高，达到45.1%，建筑业从业的流动人口参加职业培训的比例明显较低，仅有11.3%。从单位性质来看，国有企事业单位、股份/联营企业、外资及合资企业中任职的流动人口，参加过职业技能培训的比例明显更高，分别达到57.1%、62.5%、73.3%（见表2-23）。

表2-23　分性别、代际、教育、婚姻的流动人口职业培训状况

单位：%

变量		参加	未参加
性别	男	33.2	66.8
	女	26.4	73.6
代际	"80前"	20.3	79.7
	"80"~"90"	36.8	63.2
	"90后"	42.9	57.1
教育	小学及以下	16.5	83.5
	初中	30.5	69.5
	高中	31.9	68.1
	大专及以上	53.4	46.6
婚姻	不在婚	45.6	54.4
	在婚	26.0	74.0
职业	干部及专业技术人员	65.4	34.6
	商业、服务业人员	32.7	67.3
	生产制造人员	25.2	74.8
	无固定职业及其他	12.3	87.7
行业	制造业	30.3	69.7
	建筑业	11.3	88.7
	批发零售业	21.9	78.2
	住宿餐饮业	34.3	65.7
	居民服务、修理和其他	45.1	54.9
	其他行业	52.4	47.6
单位	国有企事业单位	57.1	42.9
	股份/联营企业	62.5	37.5
	个体工商户	27.3	72.7
	私营企业	32.4	67.7
	外资及合资企业	73.3	26.7
	无单位	4.0	96.0
	其他	19.1	81.0

2. 流入地居民对流动人口接纳程度较强

总体来看，大部分流动人口认为当地居民对外地人接纳程度较高，占到74.2%；21.9%的流动人口认为当地居民对外来人口接纳程度不高；只有大概4%的流动人口认为本地居民对外来人口不接纳，或者被排斥感比较强烈。具体到各调查联系点来看，南海区流动人口感受到来自流入地居民的接纳更强，西元村流动人口难以感受到来自流入地居民的接纳。这可能与南海区流动人口更多地以省内流动为主，流入地与流出地的差异较小有关（见表2-24）。

表 2-24　流动人口的接纳感受

单位：%

区域	非常同意	同意	一般	不同意	非常不同意
八家子村	3.7	64.0	30.7	1.7	0.0
西元村	3.4	29.7	54.4	12.3	0.2
南海区	43.0	53.5	3.1	0.3	0.1
总体	25.5	48.7	21.9	3.8	0.1

进一步将非常同意、同意选项合并为同意，不同意，非常不同意合并为不同意，从性别、代际、教育、婚姻、流动范围来看，性别、代际、教育、婚姻均对流动人口的接纳感受无明显影响。省内跨市流动人口的接纳感受明显高于跨省流动和市内跨县（见表2-25）。

表 2-25　流动人口的接纳感受

单位：%

变量		同意	一般	不同意
性别	男	74.4	21.6	4.0
	女	73.8	22.3	3.9
代际	"80前"	72.7	23.0	4.3
	"80"~"90"	74.4	21.8	3.8
	"90后"	77.1	19.4	3.5

续表

变量		同意	一般	不同意
教育	小学及以下	65.4	27.5	7.1
	初中	71.2	24.3	4.6
	高中	85.3	13.9	0.8
	大专及以上	83.8	14.9	1.4
婚姻	不在婚	75.0	22.2	2.8
	在婚	73.9	21.8	4.3
流动范围	跨省流动	65.9	28.8	5.3
	省内跨市	94.7	4.5	0.8
	市内跨县	69.0	27.0	4.0

　3. 流动人口和本地人交往较少，社会交往呈现明显的内卷化

　　流动人口业余时间主要和同乡交往，交往比较单一，交往范围较小。南海区、西元村、八家子村业余时间和同乡交往的比例分别占到52.9%、52.4%。流动人口与流入地居民的交往，有利于促进其社会融入，社会交往的内卷化，很大程度上不利于其社会融入。八家子村流动人口与当地人交往的比例相对较高，这与其在省内流动有很大的关系（见表2-26）。

表2-26　流动人口的社会交往

单位：%

区域	同乡	当地人	其他外地人	很少与人来往
八家子村	1.7	69.0	16.0	13.3
西元村	52.4	11.7	33.3	2.6
南海区	52.9	16.4	19.3	11.4
总体	44.2	23.9	22.7	9.3

　　进一步从流动范围来看，可以明显看出，流动范围越大，流动人口与同乡交往的比例越高，相应地与当地人交往的比例则越小。跨省流动人口与同乡交往的比例达到49.2%。市内跨县流动人口与当地人交往的比例则达到67.5%（见表2-27）。

表 2 - 27　流动范围与流动人口的社会交往

单位：%

流动范围	同乡	当地人	其他外地人	很少与人来往
跨省流动	49.2	15.6	26.0	9.1
省内跨市	48.1	24.6	18.1	9.2
市内跨县	7.0	67.5	15.0	10.5

（三）心理文化融合状况

心理文化融合是流动人口社会融合的较高阶段。心理文化融合部分主要通过身份认同与家庭团聚意愿和落户意愿来衡量。

1. 流动人口的身份认同度较高

根据问卷中："我喜欢现工作地""我关注现工作地的变化""我很愿意融入现工作地的本地人当中，成为其中一员"这三个问题，做因子分析，因子分析的得分在 [0，100]。因子分析结果显示，流动人口具有较高的身份认同，平均得分为 72.2 分。具体到各调查联系点来看，如图 2 - 1 所示，南海区、八家子村流动人口的身份认同得分分别为 84.0 分、68.1 分，西元村流动人口的身份认同得分较低，仅有 51.0 分。这可能与八家子村流动人口以省内跨市流动为主、西元村流动人口

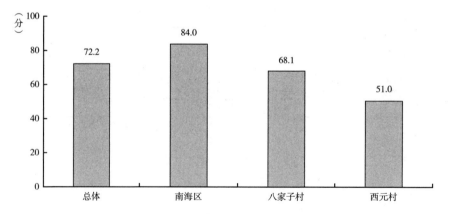

图 2 - 1　流动人口的身份认同得分

以跨省流动为主有很大的关系。流入地与流出地的差异越小，文化差异越小，流动人口的身份认同感越高，反之，则越低。而南海区流动人口较高的身份认同感，则与该地基本公共服务的提供、社区环境以及本地人对外地人的接纳有很大的关系。

进一步从性别、代际、教育、婚姻、流动范围来看，以上各因素对流动人口身份认同的影响均不明显。从流动范围来看，省内跨市流动人口身份认同方面的得分明显高于跨省流动人口、市内跨县流动人口（见表2－28）。

表2－28　分性别、代际等的流动人口身份认同得分

变量		得分
性别	男	72.9
	女	71.3
代际	"80前"	70.7
	"80" ~ "90"	72.8
	"90后"	74.2
教育	小学及以下	67.3
	初中	70.9
	高中	77.1
	大专及以上	78.2
婚姻	不在婚	66.5
	在婚	72.3
流动范围	跨省流动	68.3
	省内跨市	82.9
	市内跨县	67.6

2. 流动人口的长期居留意愿不高，各调查联系点流动人口的长期居留意愿差异明显

流动人口的长期居留意愿不高，虽然有，但是，有近1/4的流动人口不打算在流入地长期居住，另有25.8%的流动人口表示没想好是否在流入地长期居住。从各调查联系点来看，南海区流动人口中"打算"

在现工作地长期居住 5 年及以上的流动人口占 76.4%，八家子村和西元村流动人口中，打算在流入地长期居住者分别占到 24.0%、12.3%（见表 2 - 29）。

表 2 - 29　流动人口的长期居留意愿（5 年及以上）

单位：%

区域	打算	不打算	没想好
八家子村	24.0	5.0	71.0
西元村	12.3	72.5	15.3
南海区	76.4	6.2	17.4
总体	49.9	24.4	25.8

城市交通发达及生活便利、个人发展空间大、收入水平高、积累工作经验等原因是流动人口打算在流入地长期居留的主要原因。其中，半数以上的流动人口选择流入地生活便利、40.5% 的流动人口选择个人发展空间大、36.6% 的流动人口选择收入高、27.0% 的流动人口选择可以积累工作经验。分别有 16.9%、14.6%、12.4% 的流动人口因为家人习惯本地生活、流入地更好的教育资源与教育机会、政府管理规范等原因而选择在流入地长期居留（见图 2 - 2）。

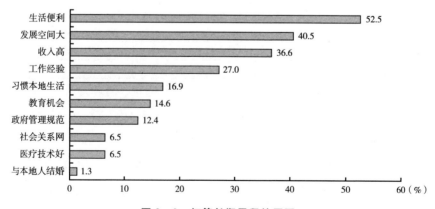

图 2 - 2　打算长期居留的原因

3. 家庭原因、个人年龄以及返乡创业是促使流动人口做出返乡打算的重要原因

从打算返乡的原因来看，家中有老人、小孩需要照顾、返乡创业是主要原因，分别占到 48.4%、44.6%、28.3%。另外，分别有 14.0%、13.1%、11.7%、10.8% 的流动人口因年龄太大、与家人两地分居、家乡生活成本低、土地需要打理等原因而返乡（见图 2-3）。

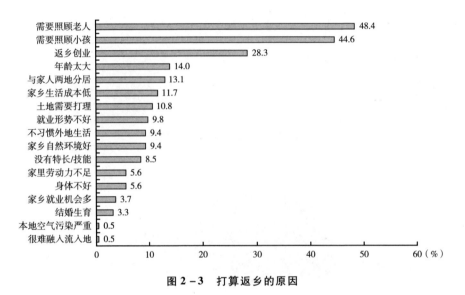

图 2-3　打算返乡的原因

85% 以上（88.3%）的流动人口选择回到原居住地（自家），分别有 6.1%、3.3% 的流动人口选择回到家乡的县政府所在地、乡镇政府所在地，另有 2.3% 的流动人口没想好回到家乡的什么地方（见图 2-4）。

4. 流动人口的户籍迁移意愿较低

流动人口的户籍迁移意愿不高，仅有 21.7% 的流动人口愿意迁户口。近 55% 的流动人口不愿意迁户口。23.6% 的流动人口没想好是否迁户口（见图 2-5）。具体到各调查联系点来看，西元村仅有 6.2% 的流动人口有迁户意愿，南海区、八家子村流动人口中有迁户意愿的均在 27% 左右。

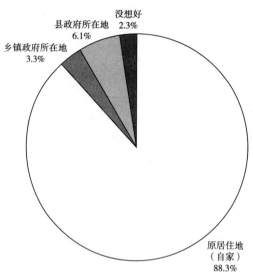

图 2 - 4　打算回到家乡什么地方

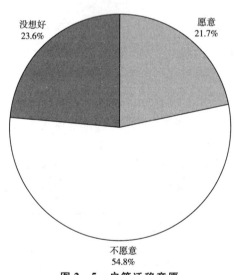

图 2 - 5　户籍迁移意愿

5. 住房、收入、子女教育是流动人口在流入地面临的主要困难

安居才能乐业，居住环境与质量直接影响到流动人口的融入与发展。房子是流动人口在流入地面临的主要困难。问及流动人口在工作地面临的主要家庭困难，一半的流动人口选择买不起房子。分别有32.4%、20.9%的流动人口选择收入太低、子女上学问题。收入水平关乎流动人口的生存发展及其他方面的发展。随着流动儿童数量的增多，流动子女的教育问题成为流入地家庭面临的主要问题。但也有约1/4的流动人口表示在流入地没有困难（见图2-6）。

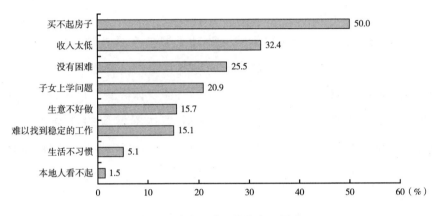

图 2-6　流入地面临的主要困难

6. 老人赡养、子女照看是流动人口在流出地面临的主要家庭困难

老人、子女是流动人口在老家的最主要牵挂。近一半的流动人口（49.1%）表示，老人赡养是老家面临的主要困难。36.2%的流动人口

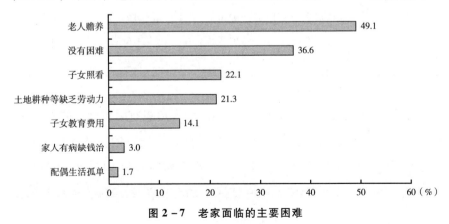

图 2-7　老家面临的主要困难

表示，子女是他们在老家的最主要牵挂。其中，分别有 22.1% 、14.1% 的流动人口表示子女照看、子女教育费用是老家面临的主要困难。但也有三分之一以上的流动人口表示老家没有困难（见图 2 - 7）。

五　流动人口医疗健康状况

（一）健康状况

健康是人力资本的重要形式。流动人口自身具有较高的选择性，身体健康条件较好的流动人口流动的可能性更大。总体来看，流动人口的健康状况较好，近 94% 的流动人口自评身体健康，自评身体健康状况一般的流动人口占到 5.2%。自评身体不健康的流动人口占 1.3%。具体到各调查联系点来看，八家子村流动人口自评健康状况整体偏低，自评健康状况一般、不健康者分别占到 7.4%、1.7%（见表 2 - 30）。

表 2 - 30　流动人口的健康状况

单位：%

省份	调查点	健康	一般	不健康
吉林	八家子村	91.0	7.4	1.7
湖南	西元村	93.0	5.0	2.0
广东	南海区	94.5	4.6	0.9
总体		93.5	5.2	1.3

从慢性病的患病情况来看，4% 的流动人口患有医生确诊的慢性病，94.66% 的流动人口没有医生确诊的慢性病，1.33% 的流动人口不知道自己是否有慢性病。在患有医生确诊的慢性病的流动人口中，患有高血压的占比最高，为 43.1%，患有糖尿病的占比为 22.2% 、患有类风湿性关节炎的占比为 19.4%（见图 2 - 8）。

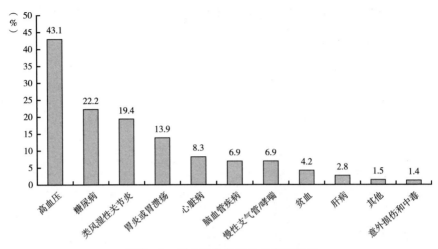

图 2 - 8 医生确诊的慢性病患病情况

从身体伤病情况来看，调查前两周身体有病伤情况的人员占到 2.28%。其中，47.5% 的流动人口并未因该种伤病就诊过。

（二）医疗状况

从两周内因病伤第一次就诊的医疗机构来看，半数以上的流动人口选择在诊所/村卫生室/社区卫生服务站和卫生院/社区卫生服务中心就诊，因病伤就诊的流动人口中有近 1/3 选择在县级卫生机构就诊，在地市级卫生机构、省级及以上卫生机构就诊的流动人口分别占 4.17%、8.33%（见表 2 - 31）。

表 2 - 31 第一次就诊的医疗机构

单位：%

医疗机构	占比
诊所/村卫生室/社区卫生服务站	33.33
卫生院/社区卫生服务中心	20.83
县级卫生机构	33.33
地市级卫生机构	4.17
省级及以上卫生机构	8.33

从两周内未就诊的原因来看，44.8%的流动人口于两周前就医，遵医嘱持续治疗，34.5%的流动人口则自感病轻而未就诊，分别有10.3%、6.9%的流动人口因经济困难、就诊麻烦而未就诊（见图2-9）。

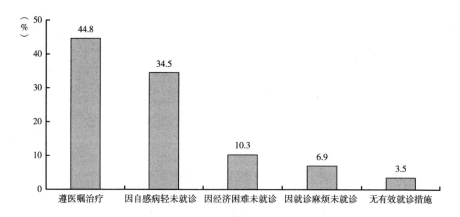

图 2 - 9　两周内未就诊的原因

从住院情况来看，1.4%的流动人口近12个月内因病伤、体检、分娩等原因住院。从住院的医疗机构来看，在县级、地市级卫生机构住院的比例均为44%，在省级及以上卫生机构住院的比例不到10%（见图2-10）。

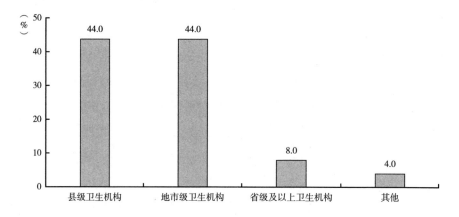

图 2 - 10　住院的医疗机构

流动人口住院医疗费用的报销多在家乡，占 54.17%，这可能与乡城流动人口多选择在流出地参加新型农村合作医疗保险有关。流动人口未报销住院医疗费用的主要原因是需要回到流出地报销，较为不便（见图 2 - 11）。

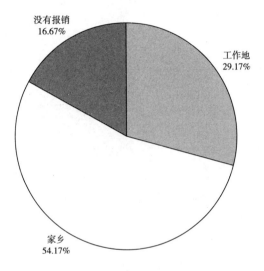

图 2 - 11　医疗费用报销地

近 12 个月内，0.8% 的流动人口存在医生诊断需住院而未住院的情况，具体到未住院的原因，因经济困难未住院者占 37.5%，31.3% 的流动人口因认为没必要而未住院，25% 的流动人口是因为认为无有效措施（见图 2 - 12）。综上可见，流动人口迫于生计和健康意识差是他们需住院而未住院的两个重要原因。

六　存在的问题及建议

（一）流动人口的人力资本水平不高，应通过职业培训提升其人力资本水平，增强其融入能力

教育和培训是人力资本投资的重要形式。总体来看，流动人口的受教育水平不高，参加职业技能培训的比例较低。较低的人力资本水平直

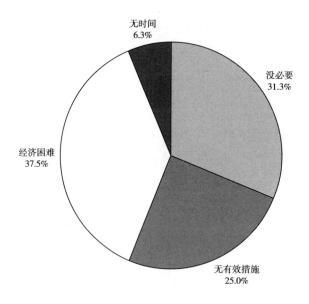

图 2 - 12　需住院而未住院的原因

接影响到流动人口在劳动力市场上的议价能力，进而影响到其在流入地的生存发展与社会融合。分析结果表明，人力资本水平越高，就业越稳定、劳动权益越能得到保证。因此，应根据流动人口的特点及实际需求，为其提供有针对性、有效性和系统的职业技能培训，提升其人力资本水平，从而增强其在劳动力市场中的竞争力，提高其职业层次及收入水平。

　　（二）关注住房及收入问题，提升流动人口的经济发展水平

　　安居才能乐业，住房是流动人口在城市生存发展与社会融入的前提和基础。分析结果表明，住房是流动人口在城市面临的主要困难，其次是收入。收入水平不高，居住质量较低，这直接影响到流动人口的经济立足及其他方面的融合。因此，一方面应通过提升流动人口的人力资本水平，提高其就业稳定性及收入水平。另一方面，应充分考虑到流动人口的实际需求，租购并举，加大对流动人口保障性住房的供给力度，拓宽流动人口保障性住房的渠道，让流动人口在城市"住得下"。

（三）重视留守老人、留守子女的生存发展，解决好老家牵挂问题

留守老人的赡养、留守子女的教育是流动人口在老家面临的主要困难。这直接影响到流动人口的家庭发展及城市融入。因此，应加大对留守老人的健康、留守子女的教育等问题的重视力度，结合健康扶贫、教育扶贫，加强对留守人员的关怀关爱力度，促进流动人口的家庭团聚与健康发展。

第三章　分报告

一　吉林联系点调查报告

（一）调查对象和抽样

1. 调查对象

八家子村跨乡镇外出一个月及以上的 16 周岁以上的成年人（其中基线调查为 2000 年 12 月及以前出生，追踪调查为 2001 年 12 月及以前出生）。

2. 抽样

为完整反映流动人口的现状，本次基线调查采取整群抽样的方法，对八家子村全部符合要求的对象进行调查。此次调查共发放问卷 300 份，其中有效问卷 300 份，有效回收率为 100%。

（二）流动人口的基本特征

1. 人口学特征

（1）男性流动人口占比较大。流动人口中男性占 70.0%，女性占 30.0%，表明八家子村流动人口以男性为主体。

（2）平均年龄偏大。八家子村流动人口的平均年龄为 39.4 岁，2016 年全国流动人口平均年龄为 29.8 岁[①]，体现该村流动人口平均年龄较大的特点。

（3）初婚人群占七成以上。八家子村流动人口的婚姻情况以初婚

[①]　国家卫生和计划生育委员会流动人口司：《中国流动人口发展报告 2017》，中国人口出版社，2017。

为主，占 74.3%、再婚占 2.3%、未婚比例占 19.4%、离婚/丧偶者占 4.0%。

（4）受教育程度较高，高中及以上文化程度占比超过 5 成。八家子村流动人口中具有高中及以上文化程度比例为 56.0%，其中，高中/中专文化程度占 47.3%，大专及以上占 8.7%。小学及以下与初中文化占比分别为 9.3% 和 34.7%（见表 3-1）。

表 3-1 流动人口受教育程度

单位：%

受教育程度	占比
小学及以下	9.3
初　　中	34.7
高中/中专	47.3
大专及以上	8.7

2. 流动特征

（1）流动范围以市内跨县流动为主。八家子村跨省流动人口占 29.0%，省内跨市流动仅占 8.0%，市内跨县流动占 63.0%。

（2）流动原因以务工经商为主。84.7% 的流动人口因务工经商而流动。12.0% 的流动人口流动原因为家属随迁。还有少量的流动人口因投亲靠友、学习培训等原因而流动。

3. 经济社会特征

（1）就业比例较高，收入水平较低。八家子村流动人口的就业比例为 84.0%。分性别来看，男性就业比例要高于女性。其中，男性为 94.3%，女性为 60.0%。未就业的主要原因是料理家务或带孩子，占比为 65.0%；其次是没找到工作，占比为 20.0%。

从收入水平分布来看，2017 年八家子村流动人口年收入主要集中在 2 万~5 万元范围内，占比为 68.7%，其中 2 万~3 万元收入范围的占比最高，占到 38.4%。年收入在 8 万元及以上的占比较小，仅有不到10%（6.3%）（见表3－2），可见，八家子村流动人口的收入水平总体较低。

表3－2　八家子村流动人口年收入

单位：%

收入	占比
2万元及以下	14.1
2元~3万元	38.4
3元~5万元	30.3
5元~8万元	10.9
8万元及以上	6.3

（2）就业行业以批发零售业为主，从事职业层次较低。八家子村流动人口就业比较集中的行业是批发零售业，占34.1%；其次是居民服务、修理和其他服务业，占到25.0%，换言之，1/4的流动人口从事这一行业。在建筑业就职者占到24.2%，这三大行业吸纳了八成多的流动人口（见图3－1）。

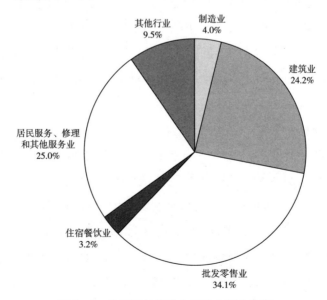

图3－1　八家子村流动人口就业行业分布

在流动人口职业结构中，从事干部及专业技术职业的流动人口占到 4.0%，从事商业服务业、生产制造业的流动人口分别占到 59.1%、24.6%。接近六成的流动人口从事商业服务业，从事干部及专业技术职业的流动人口不足 5%，体现八家子村流动人口从事职业层次较低的特点（见图 3 - 2）。

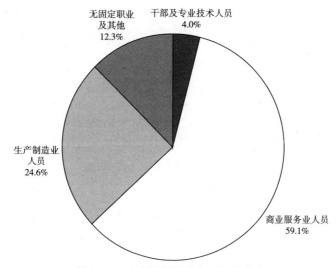

图 3 - 2　八家子村流动人口职业分布

从就业单位性质来看，个体工商户吸纳了 40.1% 的流动人口就业；其次为私营企业，占 29.4%。换言之，个体私营企业吸纳了近七成的流动人口（见表 3 - 3）。

表 3 - 3　八家子村流动人口就业单位

单位：%

单位	国有企事业	外资/合资企业	股份/联营企业	个体私营	无单位及其他
占比	7.1	0.8	0.4	69.5	22.2

（3）以参加新农合医疗保险为主，在工作地参保率较低。7.3% 的流动人口至少参加一种保险，仅有 6.3% 的流动人口参加了两种及以上

的保险。参加新农合的比例最高，达 90.3%；其次为城镇职工养老保险，占 6.7%；参加城镇职工养老保险、工伤保险的比例均为 6.3%。在所有参保人员中，74.1% 的流动人口在家乡参保，仅有 25.9% 的流动人口在工作地参保，体现流动人口在工作地参保率较低的特点。

4. 社会交往情况

八家子村流动人口业余时间和当地人交往最多，占 69.0%。研究表明，流动人口同当地人的交往互动有利于增加其对流入城市的认同感，一定程度上促进流动人口的城市融入。八家子村流动人口与本地人交往的比例较高，这与其多在省内流动有很大的关系。

5. 心理文化融合状况

（1）身份认同感很高，长期居留意愿较低。八家子村流动人口中，"非常同意"和"同意"愿意融入现工作地的本地人当中，成为其中一员的比例为 71%；"非常同意"和"同意"现工作地的本地人愿意接受自己成为其中一员的比例为 67.7%（见表 3-4），体现流动人口在工作地的身份认同感很高。调查数据显示，"打算"在现工作地长期居住 5 年及以上的流动人口占 24%；"不打算"和"没想好"长期居住的比例为 76%，表明大部分流动人口主观上长期居留意愿较低。

表 3-4　八家子村流动人口身份认同

单位：%

项目	非常同意	同意	一般	不同意	非常不同意
我喜欢现工作地	21.0	63.7	14.0	1.3	0.0
我关注现工作地的变化	15.0	67.0	17.7	0.3	0.0
我很愿意融入现工作地的本地人当中，成为其中一员	7.3	63.7	28.0	1.0	0.0
我觉得现工作地的本地人愿意接受我成为其中一员	3.7	64.0	30.7	1.7	0.0
我感觉现工作地的本地人总是看不起外地人	0.3	1.0	1.7	78.0	19.0

　　城市交通发达、生活便利，可以积累工作经验，个人发展空间大，政府管理规范，家人习惯本地生活等是流动人口选择继续在流入地居留的原因，分别占到56.1%、39.0%、28.8%、26.0%、24.2%（见图3-3）。

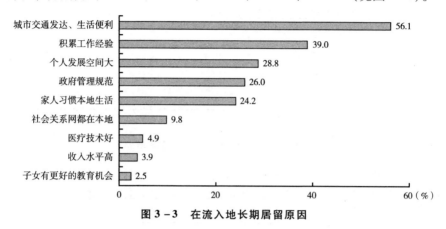

图3-3　在流入地长期居留原因

　　八家子村流动人口中，明确表示不打算继续留在工作地的比例较低，在不打算留在工作地的流动人口中，37.5%的流动人口选择返乡、56.2%的流动人口还未想好，6.3%的流动人口打算到其他地方去。

　　（2）户籍迁移意愿较低。八家子村流动人口将户籍迁入现工作地的意愿并不强烈，有27.7%的人愿意将户口迁入现工作地，29.0%的流动人口不愿意迁入，43.3%的人没想好。

　　（3）经济压力是流动人口在流入地面临的主要困难。八家子村流动人口在流入地面临的首要困难是买不起房子，近60%的流动人口表示买不起房子是其在工作地面临的主要困难。分别有42.3%、22.3%的流动人口表示收入太低、难以找到稳定的工作是其在流入地面临的主要困难（见图3-4）。

　　（4）老人赡养是流动人口在流出地面临的主要困难。八家子村流动人口中，60%以上者表示老人赡养是他们在老家面临的主要困难。56.7%的流动人口表示，土地耕种等缺劳动力是他们在老家面临的主要困难（见图3-5）。

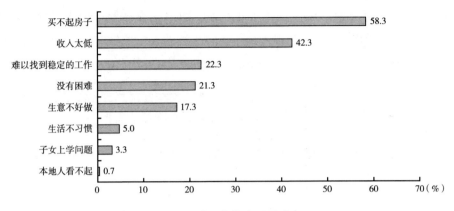

图 3 - 4　在工作地面临的主要困难

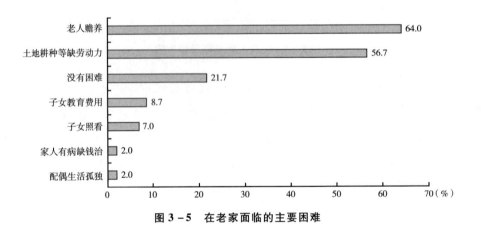

图 3 - 5　在老家面临的主要困难

（三）医疗健康状况

八家子村流动人口的自评健康状况较好，90%以上的流动人口自评健康，自评不健康的流动人口仅占 1.7%。自评健康水平一般的占7.4%（见图 3 -6）。

从慢性病的患病情况来看，2.7%的流动人口患有医生确诊的慢性病，97.3%的流动人口没有医生确诊的慢性病。

（四）结语

通过对追踪调查的数据分析，可以发现，八家子村流动人口生存发

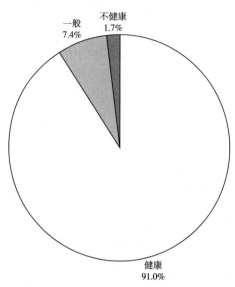

一般
7.4%

不健康
1.7%

健康
91.0%

图3-6 八家子村流动人口的健康状况

展呈现出如下特点。第一，流动范围以省内流动为主，市内跨县流动占据较大比例；第二，就业行业以批发零售业为主、职业层次较低，就业单位性质以个体私营为主，收入水平较低；第三，流动人口对流入地的认同感较高，这与其流动范围多以省内流动为主有关，相同的地域文化，有利于促进流动人口与本地人群的交往，增强两者的互动，增强其对流入地的认同感，进而促进其社会融入；第四，老人赡养、土地耕种等缺劳动力是流动人口在老家面临的主要困难。

二　湖北联系点调查报告

（一）调查对象和抽样

1. 调查对象

先锋花园社区跨乡镇以上外出一个月及以上的16周岁以上的成年人。

2. 抽样

为完整反映流动人口的现状，调查采取整群抽样的方法，对各基层调查点全部符合要求的对象进行抽样。调查采用信息采集 App 系统在基层调查联系点展开调查，此次录入问卷 298 份。

（二）流动人口的基本特征

1. 人口学特征

（1）男性流动人口占比较大。流动人口中男性占 79.9%，女性占 20.1%，表明先锋花园社区流动人口以男性为主体。

（2）平均年龄与全国水平基本一致。先锋花园社区流动人口的平均年龄为 31.0 岁，2016 年全国流动人口平均年龄为 29.8 岁[①]，体现出该社区流动人口平均年龄较大的特点。

（3）未婚、初婚群体占比较大，二者基本持平。先锋花园社区流动人口的婚姻情况以初婚为主，占 45.0%、再婚占到 1.3%、未婚比例占 49.3%、离婚/丧偶者占到 4.4%。

（4）受教育程度较高，高中文化程度以上占大多数。先锋花园社区流动人口中具有高中/中专文化程度的占 40.9%；具有大专及以上学历的流动人口占比 55.7%；初中与小学及以下占比较少，分别为 2.7%、0.7%（见表 3 - 5）。

表 3 - 5　流动人口受教育程度

单位：%

受教育程度	占比
小学及以下	0.7
初　　中	2.7
高中/中专	40.9
大专及以上	55.7

---

① 国家卫生和计划生育委员会流动人口司：《中国流动人口发展报告 2017》，中国人口出版社，2017。

2. 流动特征

（1）流动范围以市内跨县流动为主。先锋花园社区跨省流动人口占 6.7%，省内跨市流动仅占 14.1%，市内跨县流动占 79.2%。

（2）流动原因以务工经商为主。99.7% 的流动人口因务工经商而流动。还有少量的流动人口因家属随迁亲靠友、学习培训等原因而流动。

3. 经济社会特征

（1）就业比例较高，收入水平较低。先锋花园社区流动人口的就业比例为 100%，就业集中于制造业，就业身份主要是雇员，且劳动合同签订率较高。

从收入水平分布来看，先锋花园社区流动人口年收入主要集中在 3 万~5 万元范围内，占比为 59.1%，其次为 5 万~8 万，占 17.5%，然后为 2 万~3 万元，占 13.4%（见表 3－6）。年收入在 2 万元及以下、8 万元及以上的占比较小。可见，先锋花园社区流动人口的收入水平总体较低。

表 3－6　先锋花园社区流动人口年收入

单位：%

收入	占比
2 万元及以下	5. 4
2 万~3 万元	13. 4
3 万~5 万元	59. 1
5 万~8 万元	17. 5
8 万元及以上	4. 7

（2）就业职业集中于干部及专业技术和制造业。在流动人口职业结构中，从事干部及专业技术职业的流动人口占到 69.5%，从事商业服务业、生产制造业的流动人口分别占到 8.4%、21.8%（见表 3－7），体现先锋花园社区流动人口从事职业以干部及专业技术和制造业为主。

表 3-7   先锋花园社区流动人口就业职业机构

单位：%

行业	占比
干部及专业技术人员	69.5
商业服务业	8.4
生产制造业	21.8
无固定职业及其他	0.3

从就业培训看，98.3%的流动人口参加过培训，仅有1.7%的流动人口没有参加过培训。进一步从就业培训费用看，95.2%流动人口的就业培训为免费培训，部分免费和全部自费的比重很低（见表3-8）。

表 3-8   流动人口就业培训情况

单位：%

就业培训	是否培训过		是否免费		培训费用
	参加过培训	没有参加过培训	免费	部分免费	全部自费
占比	98.3	1.7	95.2	4.4	0.3

（3）以参加新农合医疗保险为主，在工作地参保率较低。流动人口中，参加新农合的比例最高，达98.0%（见表3-9），从在何处参保情况分析，猇亭区全部流动人口均在家乡参加新型农村合作医疗保险。

表 3-9   流动人口新农合参与情况

单位：%

新农合	是否参保			在何处参保		
	是	否	不清楚	工作地	家乡	其他地方
占比	98.0	0.3	1.7	0	100.0	0

4. 社会交往、心理感受等情况

先锋花园社区流动人口业余时间和当地人交往最多，占72.5%。

研究表明，流动人口同当地人的交往互动有利于增加其对流入城市的认同感，一定程度上促进流动人口的城市融入。先锋花园社区流动人口与本地人交往的比例较高，这与其多在省内流动有很大的关系。

（1）身份认同感很高，长期居留意愿较低。先锋花园社区流动人口中，"非常同意"和"同意"愿意融入现工作地的本地人当中，成为其中一员的比例为89.3%；"非常同意"和"同意"现工作地的本地人愿意接受自己成为其中一员的比例为93.7%（见表3-10），体现流动人口在工作地的身份认同感很高。

表3-10 先锋花园社区流动人口身份认同

单位：%

项目	非常同意	同意	一般	不同意	非常不同意
我喜欢现工作地	11.4	75.2	12.4	1.0	0
我很愿意融入现工作地的本地人当中，成为其中一员	12.4	76.9	10.4	0.3	0
我觉得现工作地的本地人愿意接受我成为其中一员	9.1	84.6	5.7	0.7	0
我感觉现工作地的本地人总是看不起外地人	0.7	4.7	6.7	77.5	10.4
我感觉工作地大多数人是可以信任的	10.4	79.2	7.7	2.4	0.3

调查数据显示，"打算"在现工作地长期居住5年及以上的流动人口占66.1%；"不打算"和"没想好"长期居住的比例为11.1%、22.8%，表明大部分流动人口主观上长期居留意愿较高，不打算继续留在工作地的比例较低，在不打算留在工作地的流动人口中，22.2%的流动人口选择返乡、45.5%的流动人口还未想好，33.3%的流动人口打算到其他地方去。

（2）超过四成流动人口愿意迁移户籍。先锋花园社区流动人口将户籍迁入现工作地的意愿比较强烈，有41.3%的人愿意将户口迁入现工作地，34.9%的流动人口不愿意迁入，23.8%的人没想好。不愿意把户口迁入城市的主要原因依次为在老家有承包地和住房（46.3%）、在城市没有养老保障（15.5%）、城市生活成本高（14.6%）（见表3-11）。

表3-11　流动人口不愿意把户口迁入城市的主要原因

单位：%

主要原因	占比
城市生活成本高	14.6
在老家有承包地和住房	46.3
城市工作不稳定	5.7
在城市没有养老保障	15.5
农村环境好、熟人多	4.1
其他	13.8

（3）工作地的生活满意度与困难。流动人口对工作地生活非常满意的占比7.1%，满意的占69.1%，一般的为23.5%，不满意的占比非常低，显示出先锋花园社区流动人口对工作地生活的较高满意度（见表3-12）。

表3-12　流动人口流入地生活满意度情况

单位：%

生活满意度	占比
非常满意	7.1
满意	69.1
一般	23.5
不满意	0.3
非常不满意	0

经济压力是流动人口在流入地面临的主要困难。先锋花园社区流动人口在流入地面临的首要困难是买不起房子，33.9%的流动人口表示买不起房子是其在工作地面临的主要困难。22.2%的流动人口表示收入太低是其在流入地面临的主要困难（见表3-13）。

表 3 – 13 流动人口在工作地面临的主要困难

单位：%

主要困难	占比
没有困难	40.9
生意不好做	0.3
难以找到稳定的工作	0.3
买不起房子	33.9
子女上学问题	0.3
收入太低	22.2
其他	2.1

（4）老人赡养是流动人口在流出地面临的主要困难。先锋花园社区流动人口中，27.2%表示老人赡养是他们在老家面临的主要困难。8.1%的流动人口表示，子女照看是他们在老家面临的主要困难（见表 3 – 14）。

表 3 – 14 流动人口在老家面临的主要困难

单位：%

主要困难	占比
没有困难	50.3
老人赡养	27.2
子女照看	8.1
子女教育费用	2.0
配偶生活孤单	1.3
家人有病缺钱治	4.0
土地耕种等缺劳动力	3.7
其他	3.4

（三）健康状况

先锋花园社区流动人口的自评健康状况较好，80%以上的流动人口自评健康，自评不健康的流动人口仅占 0.7%。自评健康水平一般的占14.4%。

表 3 – 15　先锋花园社区流动人口的健康状况

单位：%

健康状况	占比
健康	84.9
一般	14.4
不健康	0.7

从过去一个月内是否感到沮丧、忧虑、精神压力过大等情况分析，77.5%的流动人口认为从不或很少感到沮丧、忧虑、精神压力过大等情况，19.1的流动人口有时感到沮丧、忧虑、精神压力过大等情况，仅有 3.4%的流动人口经常/总是感到沮丧、忧虑、精神压力过大等情况（见表 3 – 16）。

表 3 – 16　流动人口心理健康状况一

单位：%

心理健康一	从不/很少	有时	经常/总是
占比	77.5	19.1	3.4

从过去一个月个人情绪对自身工作、学习或日常活动的影响有多大分析，62.1%认为完全没有影响，31.2%的认为有一点影响，5.7%的人认为有一些影响，仅有不足 2%的人认为有很大影响（见表 3 – 17）。

表 3 – 17　流动人口心理健康状况二

单位：%

心理健康二	完全没有	有一点	有一些	有很大	无法正常
占比	62.1	31.2	5.7	1.0	0.0

从慢性病的患病情况来看，3.4%的流动人口患有医生确诊的慢性病，93.3%的流动人口没有医生确诊的慢性病，3.4%的流动人口不知

道自己是否有慢性病。

（四）结语

通过对追踪调查的数据分析可以发现，先锋花园社区流动人口生存发展呈现出如下特点。一是在人口学特征方面，男性流动人口占比较大，未婚、初婚群体占比较大，二者基本持平，受教育程度较高，高中文化程度以上占大多数；二是流动范围以省内流动为主，市内跨县流动占据较大比例；三是就业行业以制造业为主，职业层次适中，就业单位性质以股份/联营企业和国有企事业为主，收入水平较低；四是流动人口对流入地的认同感较高，超过四成的流动人口愿意迁移户籍，流动人口在流入地生活满意度较高，这与其流动范围多以省内流动为主有关；五是经济压力是流动人口在流入地面临的主要困难，老人赡养、子女照顾是流动人口在老家面临的主要困难。

三　湖南联系点调查报告

（一）调查对象和抽样

1. 调查对象

西元村跨乡镇外出一个月及以上的 16 周岁以上的成年人（其中基线调查为 2000 年 12 月及以前出生，追踪调查为 2001 年 12 月及以前出生）。

2. 抽样

为完整反映流动人口的现状，基线调查采取整群抽样的方法，对各基层调查点全部符合要求的对象进行抽样。此次调查共发放问卷 512 份，其中有效问卷 512 份，有效回收率为 100%。追踪调查的样本原则上与基线调查保持一致，如遇样本流失（迁移、返乡、去世），在同一社区/村民小组中进行样本的替换，保持总样本量不变。此次调查共发放问卷 500 份，其中有效问卷 498 份，有效回收率为99.6%。

（二）流动人口基本特征

1. 人口学特征

（1）总体呈现男性多于女性的特点。男性流动人口占 56.6%，女性流动人口占 43.4%，呈现出男性多于女性的特点，与 2017 年相比，男女两性流动人口所占比例变化较小。

（2）平均年龄偏大。西元村流动人口的平均年龄为 36.6 岁，2016 年全国流动人口平均年龄为 29.8 岁[①]，可见，该村流动人口的平均年龄偏大。其中，男性平均年龄为 37.2 岁，女性平均年龄为 36.0 岁。

西元村流动人口中 15～59 岁劳动年龄人口占 98.8%。其中，25～29 岁占比最高，为 22.9%；30～34 岁占 17.1%；60 岁以上占 1.2%。"80"后流动人口占 53.4%，"90"后相应比例为 17.3%。可见新生代流动人口已成为主体。

（3）已婚人群占近八成。西元村流动人口的婚姻情况以初婚为主，占 74.7%；未婚比例较低，占 19.7%。

（4）受教育程度偏低，初中文化程度占半数以上。西元村流动人口中具有初中文化程度的占 59.4%，小学及以下占 24.9%；具有大专及以上学历的流动人口所占比重较低，仅为 6.8%（见表 3-18）。与 2017 年相比，高中/中专、大专及以上学历的流动人口占比有所下降。

表 3-18　流动人口受教育程度

单位：%

受教育程度	2017 年	2018 年
小学及以下	26.6	24.9
初　　中	56.8	59.4
高中/中专	11.9	8.8
大专及以上	4.7	6.8

---

① 国家卫生和计划生育委员会流动人口司：《中国流动人口发展报告》，中国人口出版社，2017。

（5）农业户籍超九成。西元村流动人口以农业户籍为主，占流动人口总数的99.6%，非农户籍为0.4%。

2. 流动特征

（1）流动范围以跨省流动为主。西元村跨省流动人口占93.8%，省内跨市流动人口占4.0%，市内跨县流动人口仅占2.2%。

（2）流动原因以务工经商为主。在流动原因方面，务工经商占97.8%，1.4%的流动人口外出是因家属随迁，因投亲靠友外出流动的占0.2%。分性别来看，因务工经商外出的男性比例高于女性，98.9%的男性外出是因务工经商，比女性高2.6个百分点。

3. 经济社会特征

（1）就业比例较高，收入水平较低。西元村流动人口的就业比例为91.8%。分性别来看，男性就业比例高于女性。其中，男性为92.6%，女性为90.7%。未就业的主要原因是临时性停工或季节性歇业，占比为42.9%；其次是料理家务/带孩子，占比为31.0%。

从收入水平分布来看。西元村流动人口年收入主要集中在20001～50000元，占70.4%。其中，年收入在20001～30000元范围的占比较高，占到26.0%。流动人口中高收入的占比较低，年收入在60001～80000元、80001～100000元及100001元以上者分别仅占到4.0%、2.1%、1.7%（见表3－19）。

表3－19　西元村流动人口年收入分布

单位：%

年收入	占比
10000元及以内	1.9
10001～20000元	14.6
20001～30000元	26.0
30001～40000元	24.2
40001～50000元	20.2
50001～60000元	5.4

续表

年收入	百分比
60001～80000 元	4.0
80001～100000 元	2.1
100001 元及以上	1.7

（2）就业行业以制造业为主，从事职业类型多样。西元村流动人口就业比较集中的行业是制造业，占 41.3%；其次是住宿餐饮业，占到 12.9%。居于第三位的是居民服务、修理和其他服务业，占到 11.9%，这三大行业吸纳了近三分之二的流动人口（见图 3－7）。但是，也有占 24.2% 的流动人口从事其他行业。

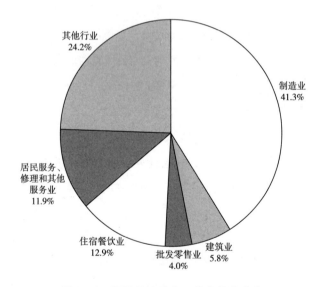

图 3－7　西元村流动人口就业行业分布

从流动人口的职业结构来看，从事干部及专业技术工作的流动人口占到 7.9%；从事商业服务业的流动人口占到 42.3%；从事生产制造业的流动人口占到 45.8%，体现出西元村流动人口从事职业类型多样的特点（见图 3－8）。

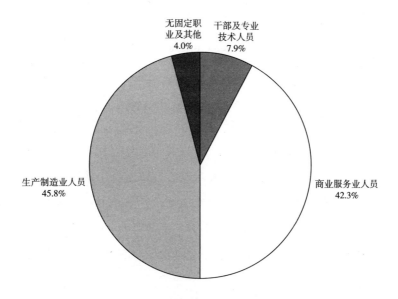

图 3 - 8　西元村流动人口职业分布

从就业单位性质来看，私营企业吸纳了 **70.6%** 的流动人口，其次为个体工商户，占 **7.9%**。总体来看，流动人口在个体及私营企业中任职的比例高达 **78.5%**。

（3）以参加新农合医疗保险为主，在工作地参保率较低。**21.9%** 的流动人口至少参加一种保险，**16.9%** 的流动人口参加了两种及以上的保险。参加新农合医疗保险的比例最高，达 **95.4%**；其次为新型农村社会养老保险，占 **24.5%**。流动人口中 **17.7%** 参加工伤保险。在所有参保人员中，**56.2%** 的流动人口在家乡参保，仅有 **43.8%** 的流动人口在工作地参保，体现流动人口在工作地参保率较低的特点。

4. 社会交往状况

西元村流动人口业余时间和同乡交往最多，占 **52.4%**；与其他外地人交往的比例占到 **33.3%**；流动人口与当地人交往较少，仅占 **11.6%**。可见，西元村流动人口的社会交往呈现出明显的内卷化。这使得他们与本地居民和城市主流文化相隔离，不利于他们的社会融入。

5. 心理文化融合状况

（1）身份认同感不高，长期居留意愿较低。西元村流动人口中"非常同意"和"同意"愿意融入现工作地的本地人当中，成为其中一员的比例为34.1%；认为"一般"、"不同意"和"非常不同意"的比例为65.9%；"非常同意"和"同意"现工作地的本地人愿意接受自己成为其中一员的比例为33.1%，认为"一般"、"不同意"和"非常不同意"的比例为66.9%，说明西元村流动人口在工作地的身份认同感不高（见表3-20）。调查数据显示，"打算"在现工作地长期居住5年及以上的流动人口占12.2%，"不打算"和"没想好"长期居住的比例分别为72.5%、15.3%，表明大部分流动人口主观上长期居留意愿较低。

表3-20 西元村流动人口身份认同

单位：%

项目	非常同意	同意	一般	不同意	非常不同意
我喜欢现工作地	6.8	39.6	50.2	3.4	0.0
我关注现工作地的变化	4.4	36.6	54.8	3.6	0.6
我很愿意融入现工作地的本地人当中,成为其中一员	4.2	29.9	44.6	20.5	0.8
我觉得现工作地的本地人愿意接受我成为其中一员	3.4	29.7	54.4	12.3	0.2
我感觉现工作地的本地人总是看不起外地人	3.2	20.3	37.2	34.7	4.6

（2）生活便利、收入水平高是吸引流动人口在流入地长期居留的重要原因。城市交通发达、生活便利，收入水平高是吸引流动人口长期居留的重要原因，分别有62.8%、54.7%的流动人口因此而长期居留。同时，分别有32.9%、32.9%、26.3%、25.6%的流动人口因可以积累工作经验、发展空间较大、政府管理规范、医疗技术好等原因而选择在流入地长期居留（见图3-9）。

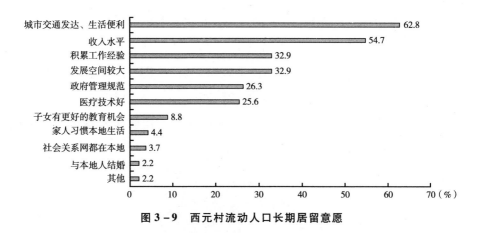

图 3 - 9　西元村流动人口长期居留意愿

不打算留在工作地的流动人口中，48.6% 选择返乡、23.2% 选择到其他地方、28.2% 的流动人口则表示还没有想好。

（3）家中的老人、小孩需要照顾是促使流动人口返乡的重要原因。老人赡养、子女抚育是促进流动人口做出返乡决策的重要原因。分别有52.3%、48.3% 的流动人口选择需要照顾老人、需要照顾小孩（见图3-10）。另有 25.6% 的流动人口选择返乡创业。

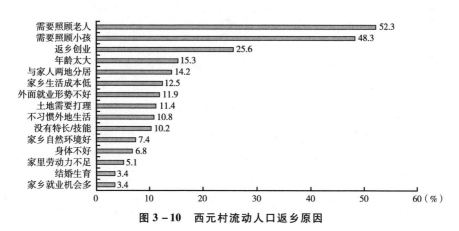

图 3 - 10　西元村流动人口返乡原因

在有返乡打算的流动人口中，91.6% 的流动人口选择回到原居住地（自家），分别仅有 1.1%、4.5% 的流动人口选择回到乡镇政府所在地、县政府所在地，另有 2.8% 的流动人口表示没有想好。

（4）半数以上的流动人口不愿意将户口迁入现工作地。流动人口的户籍迁移意愿很低，54.8% 的流动人口明确表示在没有任何限制的情况下，不愿意将户口迁入现工作地。23.6% 的流动人口表示没有想好要不要将户口迁入现工作地。仅有 21.7% 的流动人口明确表示愿意将户口迁入现工作地（见图 3 - 11）。

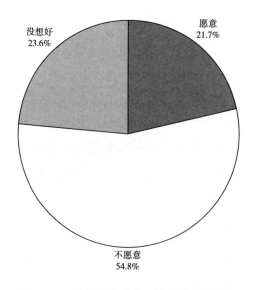

图 3 - 11　西元村流动人口的户籍迁移意愿

（5）住房是流动人口在流入地面临的主要困难。买不起房子是流动人口在流入地面临的最主要困难，54.6% 的流动人口表示买不起房子是流动人口在流入地面临的主要困难。42.6% 的流动人口表示收入太低是他们在流入地面临的主要困难。分别有 34.5%、32.1% 的流动人口表示难以找到稳定的工作、子女上学问题是他们在流入地面临的主要困难（见图 3 - 12）。

（6）老人赡养、子女教育是流动人口在流出地面临的主要困难。分别有 60.0%、50.6% 的流动人口表示，老人赡养、子女照看是流动

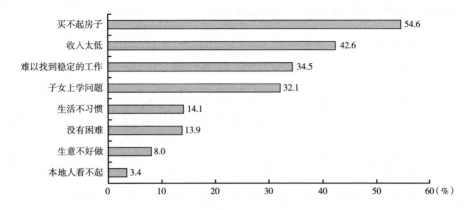

图 3 – 12 　西元村流动人口在流入地面临的主要困难

人口在流出地面临的主要困难。这也印证了流动人口因家中的老人、孩子需要照顾而返乡。分别有 26.7%、17.9% 的流动人口表示子女教育费用、土地耕种等缺劳动力是他们在老家面临的主要困难。但也有近 20% 的流动人口表示在老家没有困难（见图 3 – 13）。

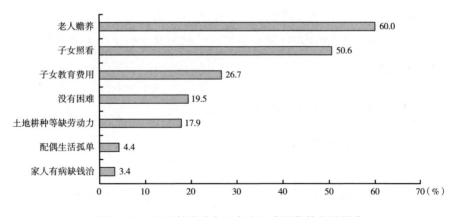

图 3 – 13 　西元村流动人口在流入地面临的主要困难

（三）医疗健康状况

　　西元村流动人口的自评健康状况较好，93% 的流动人口自评健康，其中，自评非常健康的流动人口占到 10.8%。5% 的流动人口自评健康状况一般。自评不健康的流动人口占 2% 。

从慢性病的患病情况来看，5.2% 的流动人口患有医生确诊的慢性病，93.0% 的流动人口没有医生确诊的慢性病，1.8% 的流动人口不知道自己是否有慢性病。在患有医生确诊的慢性病的流动人口中，患有高血压的占比最高，为 38.5% 。患有糖尿病的占比为 11.5% 、患有类风湿性关节炎的占比为 15.4% 。

（四）结语

通过对西元村流动人口追踪调查的数据分析，有以下几点发现。

一是西元村流动人口的就业行业以制造业为主，这与其流入地区的经济、产业结构有很大的关系，西元村流动人口多流入广东，而广东是国内的制造大省。

二是老人赡养、子女抚育是流动人口在老家面临的两大困难，也是促使流动人口做出返乡决策的重要原因。

三是流动人口的社会交往呈现出较为明显的内卷化特点。流动人口与本地居民之间的交流、交集较少，缺乏有效的互动。

四是流动人口的户籍迁移意愿很低，半数以上的流动人口不愿意将户口迁入现工作地。

四　广东联系点调查报告

（一）调查对象和抽样

1. 调查对象

叠北社区和金溪社区跨乡镇外出一个月及以上的 16 周岁以上的成年人（其中基线调查为 2000 年 12 月及以前出生，追踪调查为 2001 年 12 月及以前出生）。

2. 抽样

为完整反映流动人口的现状，基线调查采取整群抽样的方法，对各基层调查点全部符合要求的对象进行抽样。此次调查共发放问卷 1000

份，其中有效问卷 999 份，有效回收率为 99.9%。追踪调查的样本原则上与基线调查保持一致，如遇样本流失（迁移、返乡、去世），在同一社区/村民小组中进行样本的替换，保持总样本量不变。此次调查共发放问卷 1000 份，其中有效问卷 1000 份，有效回收率为 100%。

（二）流动人口的基本特征

1. 人口学特征

（1）总体呈现男性多于女性的特点。被调查的流动人口中男性占 52.7%，女性占 47.3%，性别比为 111.4。与 2017 年相比，男性流动人口占比有所下降。分地区看，叠北社区流动人口以男性为主体，占 58.6%，比 2017 年下降了 2.4 个百分点；而金溪社区流动人口以女性为主体，占 53.2%，比 2017 年提升了 1 个百分点。

（2）平均年龄较大，男女差异较小。流动人口的平均年龄为 36.4 岁，2016 年全国流动人口平均年龄为 29.8 岁①，体现被调查的流动人口平均年龄较大的特点。流动人口中男性平均年龄为 36.4 岁，女性平均年龄为 36.5 岁，表明被调查的流动人口平均年龄性别差异较小。分地区看，叠北社区流动人口中男性平均年龄为 35.5，女性平均年龄为 36.9；金溪社区流动人口中男性平均年龄为 37.4，女性平均年龄为 36.2。

流动人口中 15 ~ 59 岁劳动年龄人口占 98.1%。其中，25 ~ 29 岁占比最高，为 19.6%；其次为 30 ~ 34 岁，占 17.5%；60 岁以上流动人口仅占 1.9%，可见流动人口以青壮年劳动年龄人口为主。此外，"80"后的流动人口占 54.5%，"90"后相应比例为 20.6%，新生代流动人口已成为主体。分地区来看，叠北社区 25 ~ 29 岁流动人口占比最高，为 22.0%，30 ~ 34 岁占比 15.2%；金溪社区 30 ~ 34 岁流动人口占比最

---

① 国家卫生和计划生育委员会流动人口司：《中国流动人口发展报告》，中国人口出版社，2017。

高，为 19.8%，25～29 岁占比为 17.2%。与叠北社区相比，金溪社区流动人口年龄偏大。

（3）初婚比例超七成。被调查的流动人口婚姻情况以初婚为主，占 77.4%；未婚占 19.2%。婚姻情况与年龄结构有较大关系，主要原因是新生代流动人口占比较大且多数已达到法定结婚年龄。分地区来看，叠北社区流动人口中，初婚占 73.6%，未婚占 24.6%；金溪社区流动人口中，初婚占 81.2%，未婚占比 13.8%。

（4）总体受教育程度偏低，初中文化程度占半数。2018 年南海区被调查的流动人口中具有初中文化程度的占 56.8%，小学及以下占 15.7%，总体受教育程度偏低（见表 3-21）。与 2017 年相比，初中及以下学历的流动人口占比提高了 4.1 个百分点。大专及以上学历的流动人口占比下降了 2.4 个百分点。分地区来看，叠北社区大专及以上受教育程度的流动人口占比明显高于金溪社区，分别占比 13.0%、4.6%。

表 3-21　流动人口受教育程度

单位：%

受教育程度	叠北社区		金溪社区		南海区	
	2017 年	2018 年	2017 年	2018 年	2017 年	2018 年
小学及以下	20.4	15.4	14.2	16.0	17.3	15.7
初　　中	44.8	55.0	57.4	58.6	51.1	56.8
高中/中专	18.4	16.6	22.4	20.8	20.4	18.7
大专及以上	16.4	13.0	6.0	4.6	11.2	8.8

（5）农业户籍超九成。被调查的流动人口以农业户籍为主，占流动人口总数的 93.0%，非农户籍为 7.0%。分地区来看，叠北社区农业户籍人数占该区域流动人口的 94.2%，金溪社区的农业户籍人数占该区域流动人口的 91.8%。

2. 流动特征

（1）流动范围以跨省流动为主。跨省流动人口占本区域流动人口的 55.2%，省内跨市流动仅占 44.8%，市内跨县流动仅占 0.3%。

从年龄分布来看，跨省流动和省内跨市流动人口中，45～49 岁年龄组所占比重均较大，分别为 17.4%、24.3%；而市内跨县流动人口中以 30～39 岁年龄组为主。

（2）流动原因以务工经商为主。在流动原因方面，务工经商占 94.8%，5.0% 的流动人口外出是因家属随迁，因投亲靠友外出流动的占 0.2%。分性别来看，因务工经商外出的男性占 98.3%，比女性高 7.8 个百分点；女性因家属随迁而外出的比例为 8.9%，高于男性的 1.5%。

（3）流动人口主要来自南方省份。数据显示，流动人口户口所在的省份除本省广东占比最多外（44.8%），其次为四川、广西、湖南和湖北，分别占比 13.9%、12.4%、12.3% 和 4.5%。分地区来看，叠北社区流动人口主要来自广东、四川和广西，占比分别为 52.0%、20.6% 和 12.0%；而金溪社区流动人口主要来自广东、湖南和广西，分别占比 37.6%、18.6% 和 12.8%。

3. 经济社会特征

（1）就业比例较高，收入差距明显。流动人口的就业比例为 90.4%。分性别来看，男性就业比例要高于女性。其中，男性为 96.6%，女性为 83.5%。未就业的主要原因是料理家务/带孩子，占比为 65.3%；其次是没找到工作，占比为 14.7%。与 2017 年相比，就业比例没有明显变化。未就业原因中料理家务/带孩子占比提高了 10.4 个百分点、没找到工作占比则下降了 13.9 个百分点。

从收入水平分布来看，差异较大。被调查的流动人口 2018 年年收入主要集中在 20001～60000 元，占比为 76.1%，其中 30001～40000 元收入范围内的流动人口比例最高，为 23.6%。而收入在 10000 元以下范围的人口比例最小，为 1.7%（见表 3-22）。

表 3 – 22　流动人口年收入分布

单位：%

年收入	占比
10000 元及以内	1.7
10001 ~ 20000 元	7.3
20001 ~ 30000 元	23.0
30001 ~ 40000 元	23.6
40001 ~ 50000 元	18.1
50001 ~ 60000 元	11.4
60001 ~ 80000 元	7.1
80001 ~ 100000 元	2.7
100001 元及以上	5.2

从受教育程度与收入之间的关系来看，小学及以下学历的流动人口收入水平在 2 万元及以下、2 万 ~ 3 万元的占比明显高于其他学历的流动人口。随着受教育水平的提高，流动人口收入水平也在不断提升。大专及以上学历的流动人口，收入水平在 5 万 ~ 8 万元、8 万元以上的占比分别比小学及以下学历的流动人口高出 19.3 个、17.8 个百分点（见图 3 – 14）。

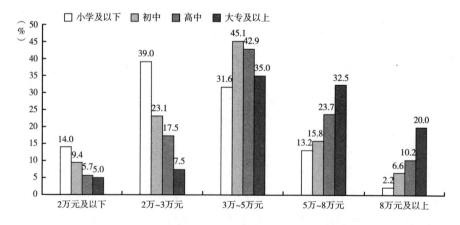

图 3 – 14　不同教育程度的流动人口年平均收入分布

（2）就业行业以批发零售业为主，职业层次较低。流动人口就业比较集中的行业是批发零售业，占 34.9%；其次是制造业和住宿餐饮业，分别为 20.1%、16.1%，这三大行业吸收了七成多的流动人口（见图 3 - 15）。

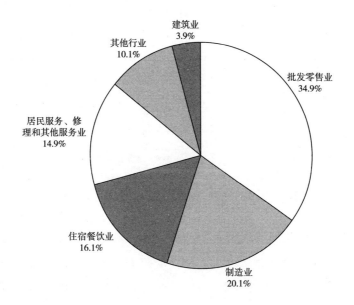

图 3 - 15　流动人口就业行业分布

干部及专业技术人员仅占 9.4%，商业服务业人员占到 71.3%，从事生产制造的流动人口占到 18.5%，体现流动人口从事职业层次较低的特点（见图 3 - 16）。

从就业单位性质来看，个体工商户吸纳了 42.4% 的流动人口就业；其次为私营企业，占 25.4%。分地区来看，叠北社区流动人口就业单位性质主要是私营企业，占 36.1%；其次为股份/联营企业，占 35.0%。

（3）以参加新农合医疗保险为主，在工作地参保率过半。23.4% 的流动人口至少参加一种保险，31.7% 的流动人口参加了两种及以上的保险。参加新农合医疗保险的比例最高，占 74.6%；其次为失业工伤保

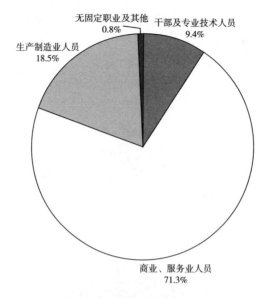

图 3 – 16　流动人口职业分布

险，占 23.4%。参加城镇职工养老保险、工伤保险和城镇职工医疗保险的流动人口比例分别为 23.0%、22.9% 和 22.4%。在所有参保人员中，42.6% 的流动人口在家乡参保，57.4% 的流动人口在工作地参保。

4. 社会交往状况

被调查的流动人口业余时间和同乡交往最多，占 52.9%；与当地人交往较少，仅占 16.4%。数据表明，流动人口同当地人来往的意愿较低，社交范围较窄，难以提升对流入城市的认同感，在一定程度上阻碍了流动人口融入城市。

5. 心理文化融合状况

（1）身份认同感和长期居留意愿较高。被调查的流动人口中，"非常同意" 和 "同意" 愿意融入现工作地的本地人当中，成为其中一员的比例为 96.0%，认为 "一般"、"不同意" 和 "非常不同意" 的比例为 4.0%；"非常同意" 和 "同意" 现工作地的本地人愿意接受自己成为其中一员的比例为 96.5%，认为 "一般"、"不同意" 和 "非常不同意"的比例为 3.5% ，说明被调查的流动人口在工作地的身份认同感较高（见表 3 - 23）。调查数据显示，"打算"在现工作地长期居住 5 年及以上的流动人口占 76.4% ，"不打算"和"没想好"的比例为 23.6% ，表明流动人口大多数主观上有长期居留意愿。

表 3 - 23　流动人口身份认同

单位：%

项目	非常同意	同意	一般	不同意	非常不同意
我喜欢现工作地	57.7	39.3	2.9	0.1	0.0
我关注现工作地的变化	48.5	45.2	6.1	0.2	0.0
我很愿意融入现工作地的本地人当中，成为其中一员	47.1	48.9	3.5	0.5	0.0
我觉得现工作地的本地人愿意接受我成为其中一员	43.0	53.5	3.1	0.3	0.1
我感觉现工作地的本地人总是看不起外地人	0.1	0.8	2.8	39.0	57.3

南海区便利的生活、巨大的发展空间以及较高的收入水平是吸引流动人口打算长期居留的重要因素。分别有 50% 、45.2% 、43.9% 的流动人口因以上三种原因而长期居留（见图 3 - 17）。

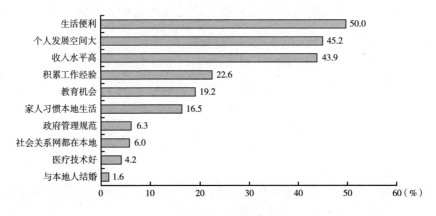

图 3 - 17　长期居留原因

　　不打算留在工作地的流动人口中，52.5%的流动人口选择返乡、28.8%的流动人口选择到其他地方，18.6%的流动人口表示还没有想好。

　　（2）家庭原因、返乡创业是促使流动人口做出返乡打算的重要原因。从打算返乡的原因来看，返乡创业、家中有小孩、老人需要照顾是流动人口做出返乡打算的重要原因。分别有48.4%、31.3%、28.1%的流动人口因以上原因而做出返乡打算（见图3–18）。

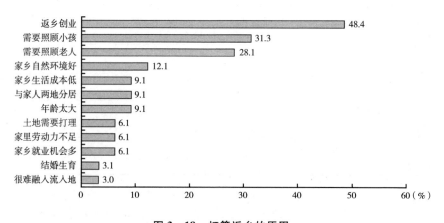

图3–18　打算返乡的原因

　　将近70%（67.7%）的流动人口选择回到原居住地（自家），均有16.1%的流动人口选择回到家乡的县政府所在地、乡镇政府所在地（见图3–19）。

　　（3）户籍迁移意愿较低。数据显示，流动人口将户籍迁到现工作地的意愿不强，仅有27.5%的人愿意将户口迁入现工作地；49.1%的流动人口不愿意迁入；23.3%的人表示没想好。

　　（4）住房是流动人口在流入地面临的最主要困难。45.2%的流动人口在流入地面临的主要家庭困难是买不起房子。分别有24.3%、20.5%的流动人口面临着低收入、子女教育问题。近1/3的流动人口表示在流入地生活没有困难（见图3–20）。

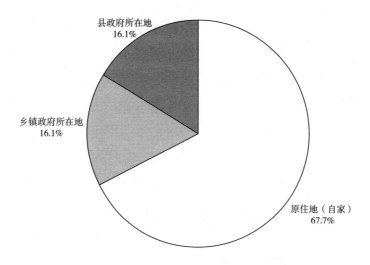

图 3 – 19　打算回到家乡什么地方

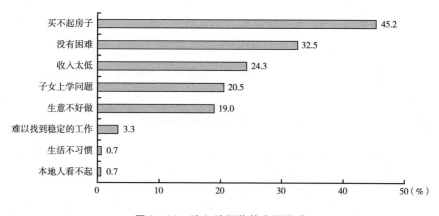

图 3 – 20　流入地面临的主要困难

（5）老人赡养是流动人口在流出地面临的主要家庭困难。老人是流动人口在老家的最主要牵挂。39.1%的流动人口表示，老人赡养是老家面临的主要困难。分别有 12.5%、12.3%的流动人口表示子女照看、土地耕种等缺劳动力是流出地家庭面临的主要困难。但也有将近50%的流动人口表示老家没有任何困难（见图 3 – 21）。

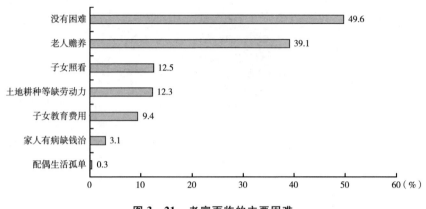

图 3 – 21　老家面临的主要困难

（三）医疗健康状况

1. 健康状况

南海区流动人口的自评健康状况较好，近95%的流动人口自评健康，自评不健康的流动人口仅占0.9%。相比而言，金溪社区流动人口自评健康的比例高于叠北社区，前者比后者高出5个百分点。叠北社区流动人口自评不健康的比例为1.2%，高于金溪社区（0.6%）（见表3–24）。

表 3 – 24　流动人口的健康状况

单位：%

调查点	健康	一般	不健康
叠北社区	92.0	6.8	1.2
金溪社区	97.0	2.4	0.6
南海区	94.5	4.6	0.9

从慢性病的患病情况来看，3.8%的流动人口患有医生确诊的慢性病，94.7%的流动人口没有医生确诊的慢性病，1.5%的流动人口不知道自己是否有慢性病。在患有医生确诊的慢性病的流动人口中，患有高血压的占比最高，为42.1%。患有糖尿病的占比为29.0%、患有类风湿性关节炎的占比为23.7%（见图3–22）。

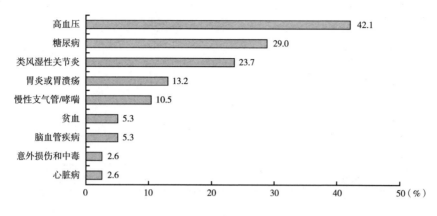

图 3 - 22　医生确诊的慢性病患病情况

从身体伤病情况来看，调查前两周身体有伤病情况的占到 2.9%。其中，57.7% 的流动人口并未因该种伤病就诊过。

2. 医疗情况

从两周内，因病伤第一次就诊的医疗机构来看，半数以上的流动人口选择在诊所/村卫生室/社区卫生服务站、卫生院/社区卫生服务中心就诊，其中，1/3 以上的流动人口选择在诊所/村卫生室/社区卫生服务站就诊。另有 1/3 以上的流动人口选择在县级卫生机构就诊（见表 3 - 25）。

表 3 - 25　第一次就诊的医疗机构

单位：%

医疗机构	占比
诊所/村卫生室/社区卫生服务站	35.71
卫生院/社区卫生服务中心	21.43
县级卫生机构	35.71
地市级卫生机构	7.14

从两周内未就诊的原因来看，57.9% 的流动人口因两周前就医，遵医嘱持续治疗中，26.3% 的流动人口则自感病轻而未就诊，分别有 5.3%、10.5% 的流动人口因经济困难、就诊麻烦而未就诊（见图 3 - 23）。

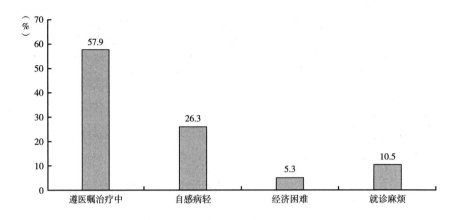

图 3 - 23　两周内未就诊的原因

　　从住院情况来看，1.5%的流动人口近 12 个月内因病伤、体检、分娩等原因住院。从住院的医疗机构来看，在县级、地市级卫生机构住院的比例均为 46.7%，在省级及以上卫生机构住院的比例不到 10%（6.7%）。

　　流动人口住院医疗费用的报销多在家乡，57.4%的流动人口医疗费用报销在家乡，这可能与城乡流动人口多选择在家乡参加新型农村合作医疗保险有关（见图 3 - 24）。流动人口未报销住院医疗费用的主要原因是需要回家乡，不方便。

　　近 12 个月内，0.83%的流动人口有医生诊断需住院而未住院的情况，具体到未住院的原因，经济困难者占到 37.5%，近 1/3 是因为自认为没必要，1/4 是因为认为无有效措施（见图 3 - 25）。综上可见，流动人口迫于生计、健康意识差，这是他们需住院而未住院的重要原因。

　　（四）结语

　　本次追踪调查旨在了解叠北社区和金溪社区流动人口的属性结构、流动原因、经济生活、主观意愿等方面的基本情况及与 2017 年相比的变化情况；初步掌握以南海区为代表的广东省流动人口的总体特征；从

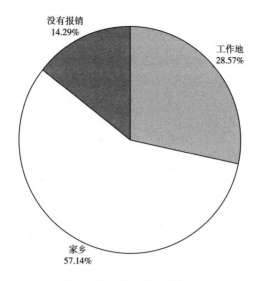

图 3 – 24 医疗费用报销地

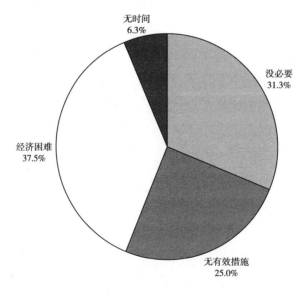

图 3 – 25 需住院而未住院的原因

五个方面把握流动人口与社会经济发展的关系。第一，流动人口以外省流入为主，省际流动人口主要来自邻近省份（如湖南、广西和江西等）

和人口规模较大的省份（如四川、湖北等）；第二，通过对流动人口在流入地的就业特征及其影响因素分析，发现收入与受教育程度呈正相关，高学历的流动人口所占比例较小，占主导地位的初中及以下受教育程度的流动人口在一定程度上制约收入水平的提高。同时调查数据显示，流动人口在工作地的参保率较高，体现了建立和完善流入地流动人口社会保障机制的重要和必要性；第三，流动人口居留意愿较强，从年龄结构来看，新生代流动人口已成为主体，其年龄恰好处于就业黄金期，并且大城市拥有更多的就业资源，提供更多的就业机会，在一定程度上促进流动人口融入城市。第四，住房是流动人口在流入地面临的主要困难，老人赡养、子女教育、土地耕种是流动人口在流出地面临的主要家庭困难。第五，流动人口的自评健康状况较好，这与流动人口的自选择性有很大的关系。

第四章　专题调查报告

基层调查点建立以来，中心在每年组织一次年度大调查的同时，积极组织中央党校、吉林大学、中南财经政法大学、北京工业大学、首都经济贸易大学、北京市社会科学院等高校和研究机构的专家开展相关专题调查，撰写专题调研报告。调查内容涉及流动人口社会融合、就业创业、流动人口政治参与、就地城镇化和农村"三留守"问题等。专题调查的开展有效弥补了基层调查点年度调查的不足，为深化流动人口研究提供了第一手资料，为把握流动人口的生存现状，推动流动人口社会融合提供了有益参考。

第一节　流动人口社会融合

流动人口社会融合不仅关乎个体发展，更事关我国新型城镇化目标的实现乃至整个经济社会的稳定与发展。为深入了解流动人口社会融合状况，中心组织人员在湖北省宜昌市猇亭区开展了流动人口社会融合专项调查和基本公共卫生服务均等化专项调研，在广东省佛山市南海区开展了流动人口基本公共卫生健康服务均等化专项调研和不同年代流动人口融入当地社会的心理差异专题调研。这些调查，从不同侧面反映了流动人口社会融合的状况，为相关研究提供了第一手资料。

专题一 猇亭区流动人口社会融合调查报告

兴发集团是一家从事化学制品加工的国有企业，宜昌市猇亭区兴发集团厂区职工约 4000 名，是属地型的国有企业，也是典型的政企合作型的流动人口社会融合模式，即企业向政府申请，为员工提供政府廉租房等来促进流动人口社会融合。因此，此次调研课题组选择了宜昌市猇亭区兴发集团的企业职工为调查对象，随机访谈了 13 名企业职工，根据设定的访谈提纲了解这些职工个人基本信息以及户籍、家庭、收入、消费、社会保障、职业培训、职业健康、企业党建等相关方面的流动人口社会融合状况，主要内容呈现如下。

一 人口学特征

由表 4-1，可以看出：（1）在性别结构方面，男性 9 人，女性 4 人。（2）在年龄结构方面，20~30 岁 5 人，31~40 岁 6 人，41 岁~50 岁 2 人。（3）在受教育程度方面，中专学历 4 人，高中学历 2 人，初中学历 1 人，大专学历 4 人，本科学历 2 人。（4）在婚姻家庭方面，已婚 10 人，且均有子女，其中已婚家庭中 1 孩家庭 7 人，2 孩子家庭 3 人；未婚 3 人，未婚中 1 人有女朋友，即将结婚，2 人未有女朋友。（5）在户籍方面，农业户口 8 人，城市户口 3 人，农转非户口 2 人；（6）在流动方面，跨区流动 9 人，跨市流动 3 人，跨省流动 1 人。

总的来说，13 名访谈对象的流动人口人口学特征，性别以男性为主，约占 69%；由于职业属于特殊工种，职工队伍以年轻群体为主，20~40 岁为主，约占 85%；受教育程度中中专、高中及初中学历约占 54%，大专及本科学历约占 46%；婚姻家庭以已婚家庭为主，已婚约占 77%，其中有 1 孩家庭占 70%，2 孩家庭占 30%；户籍以农业户口为主，约占 62%，城市户口约占 23%，农转非户口约占 15%；流动以跨区流动为主，约占 69%，跨市流动约占 23%，跨省流动约占 8%（见表 4-1）。

表4－1　访谈兴发集团13名职工基本状况

序号	性别	年龄（岁）	学历	婚姻	家庭状况	户籍	流动	职业	是否购房	是否打算购房	月收入（元）	职务	生活压力	子女状况
1	男	47	初中	已婚	1孩	农转非	跨区	操作工	否	是，给孩子买	4000	普通操作工	给孩子买房	上大学
2	男	36	大专	已婚	2孩	农业户口	跨市	电器仪表	否	是	5000	班长	孩子和房子	在身边，不满周岁
3	女	29	大专	已婚	1孩	农业户口	跨市	统计核算	否	是	4000	团支部书记	教育住房	在身边，本地幼儿园
4	男	29	本科	有女朋友	0孩	城市户口	跨省	电气工	是，市内	—	5000	班长	无	—
5	男	32	中专	已婚	1孩	农业户口	跨区	操作工	是，伍家岗	—	4000	普通操作工	孩子房贷	在身边，本地幼儿园
6	女	34	大专	已婚	2孩	农业户口	跨区	主控工	是，本地	—	4000	普通操作工	孩子	在身边，大的上小学，小的哺乳期
7	男	21	中专	未婚	0孩	农业户口	跨区	操作工	否	是	4000	普通操作工	购房	—
8	女	31	高中	已婚	2孩	农业户口	跨区	操作工	否	是	3000	普通操作工	子女教育、住房、养老	不在身边

续表

序号	性别	年龄（岁）	学历	婚姻	家庭状况	户籍	流动	职业	是否购房	是否打算购房	月收入（元）	职务	生活压力	子女状况
9	男	22	大专	未婚	0孩	农业户口	跨市	操作工	否	是	4000	班长	购房	—
10	女	27	高中	已婚	1孩	农业户口	跨区	操作工	否	是	3000	普通操作工	教育孩子	—
11	男	39	中专	已婚	1孩	农转非	跨区	叉车工	否	否	4000	普通叉车工	教育孩子	不在身边
12	男	49	中专	已婚	1孩	城市户口	跨区	操作工	否	否	3000	普通操作工	无	—
13	男	34	本科	已婚	1孩	城市户口	跨区	储磷	是	—	8000	车间副主任、党支部书记	无	在身边

二　社会融合状况

根据一些学者对流动人口社会融合研究的相关成果，我们对访谈对象按照经济融合、制度融合、生活融合、文化融合四个方面内容进行了访谈了解，具体情况如下所述。

（一）经济融合：工资收入处于当地平均水平线

在所调研访谈的 13 人中，在经济收入方面，其收入 3000 元左右的有 3 人，4000 元左右的有 7 人，5000 元左右的有 2 人，8000 元的有 1 人四个档次。通过访谈得知，其收入主要受几个方面因素影响：（1）职务影响。普通操作工收入 3000~4000 元，班长收入 5000 元左右，车间副主任收入 8000 元左右。（2）学历影响。学历越高，其入职工资待遇相应提高，如大学毕业生有安家费等。（3）工种影响。同样是操作工，但是根据工种和工作环境的不同，其工资收入也不同。例如，主控工、叉车工，具有一定技能含量的职工收入会高于普通操作工。据网上可查数据显示，2017 年度宜昌市在岗职工平均工资为 50498 元（折合月平均工资 4028 元，四舍五入），按此标准，访谈对象收入基本达到宜昌在职职工平均工资水平，处于平均水平线。

（二）制度融合：户籍、社保以及基本公共服务融合度较好

户籍制度是促进流动人口社会融合的核心变量。在课题组调研和访谈过程中，13 名职工，尽管农业户口 8 人，约占 62%，但其享有的社会保险、子女入学、卫生医疗等基本公共服务并未受农业户口的影响。例如，在社会保险方面，职工入职的兴发集团是国有企业，入职时五险一金以及大病医疗无论城市户口、农业户口均属于企业制度保障范畴。故此，在保障职工工资收入的同时，五险一金以及大病救助也可以提供有效的保障。又如，宜昌当地并未对购房、子女入学进行户籍限制，因此，职工子女入学办理暂住证等相关手续即可入学；购房住房也没有户籍限制，有能力即可购买当地住房，同时也可以落户。再如，在卫生医

疗方面，兴发集团凑建了当地一所医院，职工可以享受相对优惠的待遇进行诊疗。同时，通过访谈得知，当地没有推行居住证，仍然实行暂住证，而且，暂住证的作用也不明显，只与女子上学、学车等挂钩，需要办理，并无其他附加社会福利等限制功能。

（三）生活融合：生产生活与社区生活融合度较好

生活融合主要表现在单位的生产和居住区的社区生活两个维度。在生产生活方面，工种，操作工 7 人，电气工、电器仪表工、储磷工、统计核算工、主控工、叉车工各 1 人；工时，目前上班时间进行三班倒；作息时间，每天 8：30 到 17：30 为工作时间，11：30 到 13：00 为中午休息时间；用餐，中午单位用餐免费，2 荤 2 素，早上用餐花点钱，饭菜还可以；晋升，可以通过考岗位或选拔获得晋升机会，岗位设置为 1 期 4 个，2 期 4 个，3 期 2 个，共 10 档（1 档差别 200～300 元），考过一个岗位，可考另外的岗位，选拔要考虑岗位熟练程度、学历等条件。在社区生活方面，居住，兴发集团属于典型的"政企合作导向型"企业，为入职的职工提供了政府廉租房（夫妻，2 室 1 厅，月租金 200 元，未婚单人租 1 室 1 厅，月租金 100 元），低廉的租金，使职工住有所居、安居乐业，为职工减轻了住房的经济负担。而且，4 人已经在本地买房，未买房人中 6 人打算在本地买房，1 人打算在外地买房；社区，廉租房形成了比较规范的社区或小区形态，与社区相关的社区活动室等服务设置及居住环境较好；廉租房的房屋内企业配备了热水器、燃气灶等生活设施；教育，随迁的子女办理暂住证即可在附近的幼儿园、小学入园或入学；医疗卫生，距离廉租房附近具有基础条件较好的社区卫生服务站，便利就医。

（四）文化融合：关系融洽不存在隔阂

在访谈的 13 名对象中，跨区流动 9 人，跨市流动 3 人，跨省流动 1 人。而且，跨市流动 3 人也属于宜昌临近市。同时，通过调研访谈了解，兴发集团开创于兴山县，厂里职工大都属于本地户籍。故此，在地方文化、饮食、语言等方面并没有隔阂。另外，企业通过工会等平台组织职工开展各项活动，如运动会、拓展等，增进职工之间的人际关系；通过职工技能比赛，增进职工之间的业务交流。在调研访谈中，职工都一致回答"同事之间的关系挺好的"，而且，每位职工都有一些比较好的同事，之间或互相走动、或根据兴趣爱好一起活动、或通过随份子礼尚往来。

三　调研总结

以兴发集团为调研对象，通过访谈 13 名企业职工，通过流动人口个人人口学特征，反映流动人口个人特征，通过分析宜昌猇亭流动人口社会融合的四个维度，反映流动人口社会融合情况。总的来看，宜昌猇亭流动人口总体社会融合状况比较好，主要得益于一是"政企合作导向型"，企业租赁政府廉租房，而后以低价租住给职工，使其住有所居；二是户籍制度在宜昌并未显现它挂钩社会福利的功能，使流动人口不受户籍制约，可以顺利购房、子女入学且大都随迁；三是兴发集团国有企业性质，较好地保障了职工的基本权益和社会保障。

同时，我们调研发现，第一，具有农业户口的职工，即使购买了城市住房，也不愿意"农转非"，认为农业户口并没有什么不好，而且可能会带来其他价值。也就是说，对于农二代而言，对转为城市户口意愿不强或基本没有意愿，同时，又希望购房后将子女户口落到房子上，实现农转非。可以理解，受当地经济社会发展影响，农一代以及农二代基本不会转为城市户口，而其子女基本转为城市户口，也即第三代应该基本确定为城市户口。第二，购房和子女教育是他们普遍面临的共同压力。教育压力并不是入园难、入学难，而是因幼儿园或上学在学校之外的补课班的费用支出，是流动人口家庭的较大负担；当地的住房价格与其收入之间的差距也比较大，住房收入比在 1 : 2 或 1 : 3 以上，也就说，购买一平方米住房，需要两个月或三个月以上的收入。第三，尽管兴发集团给企业职工提供较好的卫生医疗、危险品防护、生产安全等措施来保障职工职业健康，但是，三班倒的工作时差等因素容易对职工身体健康造成影响。

专题二　猇亭区基本公共卫生服务均等化调研报告

一　概况

《宜昌市猇亭区国民经济和社会发展第十三个五年规划纲要》提出要实施全民健康行动计划，以健康需求为导向，以调整布局结构、提升能级为主线，坚持适度有序发展，强化薄弱环节，建立和完善公立医院、专业公共卫生机构、基层医疗卫生机构以及社会办医院相结合的公共卫生服务体系，为城乡居民提供系统、连续、全方位的医疗卫生服务。进一步完善医疗卫生服务机构，全面建成第五医院门诊医技综合楼，提高综合性公立医院接诊、分诊、诊疗能力，推动虎牙社区卫生服务中心启动运行，引进1~2家民营专科医疗机构落户。认真抓好卫生计生信息化建设，建立完善人口健康信息化、标准化体系。完善医疗服务模式，积极开展分级诊疗试点，逐步形成"基层首诊、分级医疗、双向转诊、上下联动"的医疗服务模式。完善药品供应保障体系和基本药物制度，探索在非政府医疗机构实施基本药物制度。加强公共卫生服务体系建设，积极防治重大传染病、慢性病、职业病、地方病和精神疾病。加快推进流动人口卫生计生基本公共服务均等化，切实增强服务流动人口能力。扎实抓好计划生育各项工作，依法落实"全面二孩"政策。加强卫生人才队伍建设，引进培养高层次医药卫生人才，大力开发儿科、精神科等紧缺专门人才，大力支持中医（含中西医结合）人才培养。力争到2020年，全区每千常住人口基层医疗卫生机构床位数达到1.2张，每千常住人口执业（助理）医师数达到2.5人，注册护士数达到 3.14 人，医护比达到 1∶1.25，每千常住人口基层卫生人员数达到 3.5 人以上，人均预期寿命达到 79 岁。

二 工作成效

猇亭区的基本公共卫生健康服务稳步开展，各项工作有序进行，全面完成了卫生计生的主要责任指标，基本公共卫生服务各项指标按计划稳步推进。无偿献血人数 406 人，献血量达 123500ml，完成进度为 102.92%。出生政策符合率 99.71%，出生人口性别比 104.26，医疗服务机构计划生育实名登记信息及时准确率 100%，取得了一定的成效。

（一）积极完善基本卫生健康公共服务体系

一是积极推进医院项目建设。宜昌市第五人民医院争取到国家发改委投资的 3310 万元中央预算内资金，用于建设总投资 5521 万元的门诊楼与综合楼，进一步提高卫生服务水平。二是按照"互联网＋分级诊疗"要求，投资 120 万对云池社区卫生服务中心进行改建，医疗环境、基础设施进一步提档升级，现已完成改建项目。三是拟投资 700 万元实施区卫生防疫保健中心改扩建项目，现已完成项目申报工作，待省发改委审批。

扎实推进"互联网＋分级诊疗"惠民医疗服务改革工作。宜昌市第五人民医院与各社区卫生服务中心组建起"医联体"并落实基层看病费用减免措施，2017 年门诊诊疗总费用 153621 元，门诊优惠金额 75240 元。一是以重点人群为切入点，深入开展家庭医生签约服务，组建家庭责任医师团队 7 个，签约居民家庭 11943 户 23156 人，其中签约老年人 5290 人、0~6 岁儿童 2077 人、孕产妇 134 人、高血压患者 3570 人、糖尿病患者 1263 人、重性精神病患者 113 人，签约率 30% 以上。建立健康俱乐部 1 个，进一步完善签约服务包，为社区居民提供安全、有效、便捷、价廉的基本医疗、基本公共卫生和个性化健康管理服务。二是严格按照 12 类国家基本公共卫生服务项目服务标准，不断拓展和深化基本公共卫生服务内容。截至目前，共建立电子健康档案52271 份，建档率 85%；0～6 岁儿童健康管理 3110 人、孕产妇健康管理 469 人、老年人健康管理 3232 人、高血压患者健康管理 3331 人、糖尿病患者健康管理 955 人、严重精神障碍患者管理 182 人。三是完善基本医疗保险制度。2017 年全区参保缴费人数 31793 人，其中社区居民参保 24075 人，幼儿园、中小学生参保 5689 人，低保重残参保 2029 人，较 2017 年同期增长 1364 人，参保率 100%。四是巩固实施国家基本药物制度。政府建设的基层医疗卫生机构及村居卫生室全部规范采购和使用基本药物，2017 年全区经"湖北省基本药物集中采购平台"共采购药物 829819.66 元，比 2016 年同期增长 44%。

（二）改善提升基本卫生健康公共服务质量

猇亭区一是加强医疗卫生专业技术人才队伍建设。通过公开招聘充实社区卫生专业技术人员 6 名，为医院充实卫生专业技术人员 2 名，引进研究生学历呼吸内科医师 1 名、调入麻醉师 1 名。市妇幼保健院 3 名儿科专家常年在猇亭区坐诊、授课，猇亭区从社区卫生服务中心选派了6 名医生到市中心医院、妇幼保健院进修学习，有效提高了该区妇儿保健工作水平。二是提升妇幼保健服务水平。按照"机构整合、资源共享、服务互补、项目共进"的原则，2018 年，猇亭区妇幼保健计划生育服务中心与古老背社区卫生服务中心正式合并运行，为全区妇女儿童提供婚检、备孕优生、孕期保健、产后访视、儿童保健和预防接种等"一条龙"服务。打造妇幼健康服务示范站点，古老背社区卫生服务中心开展基层卫生信息化建设，建立数字化接种门诊，目前该项目已通过验收并投入使用。认真开展孕产妇管理、叶酸发放、免费婚检、免费孕前优生健康检查及计划生育免费四术服务工作，全区发放叶酸 384 人，早孕建卡 260 人，持卡分娩 446 人，早孕建卡率 58.2%，产检大于 5 次426 人，产后访视 396 人，产后访视率 87.6%。完成免费婚检 170 人次，孕检 256 人次，四术服务 573 例。三是创新管理严重精神障碍患者。区卫计局对每一个在家居住的既往和当前有肇事肇祸倾向的精神病人，重点落实社区服务中心责任领导、村居干部、村卫生室负责人和监护人"四位一体"的包保责任。对有严重肇事肇祸倾向的精神病患者及时上报有关部门实施强制治疗；对出走的精神疾病患者督促其监护人迅速找回进行管控；对没有监护人或近亲属的精神病患者，积极协调其所在单位、村委会履行监管职责；对流浪街头的精神病患者，将其送到民政部门妥善安置。四是全面落实疾病预防控制措施，做好传染病防控工作。认真做好 H7N9 流感、诺如病毒、艾滋病等传染病防控工作，积极开展各类传染病防治的宣传与讲座，配合宜昌市疾控中心开展个案调查和随访工作。另外，提高疫情监测报告质量。2017 年全区报告法定传染病 148 例，报告及时率达 100%，审核及时率达 100%。全年无突发公共卫生事件报告，无甲类传染病报告，无传染病死亡报告。加强免疫规划安全接种和疫苗冷链管理。全年全区医疗单位产科活产婴儿 455 人，24 小时首针乙肝疫苗及时率 95%，卡介苗及时率 95%。

（三）大力推动智慧医疗体系建设

借助"互联网＋分级诊疗"惠民医疗服务改革契机，大力提升辖区医疗机构信息化建设水平，取得了一定成效。宜昌市第五人民医院、各社区卫生服务中心、村居卫生室分别接入 100M、30M、10M 光纤。宜昌市第五人民医院启用 HIS 医院管理系统平台，实现院内诊疗"一卡通"，同时与市直各专科医院加强对接，积极探索远程医疗、转诊协作平台互联互通。网络心电诊断平台已投入运行，实现了心电图信息采集、存储管理和智能报告生成，让居民在家门口即可拿到最专业的诊断报告。各社区卫生服务中心均已启用人口健康信息平台，目前完成居民健康档案 51000 余人，含流动人口 2000 余人，电子建档率达 82%。辖区内所有医疗机构全面应用"健康之路"无边界医疗服务平台，已在社区卫生服务中心和宜昌市第五人民医院之间开通预约诊疗、双向转诊服务，今年以来已完成各类转诊 176 人。辖区所有村居（社区）全面应用卫生计生村居在线平台（手机版），实现了手机信息动态采集和动态更新，推动了卫生计生信息高度融合、无缝对接。

最后，猇亭区还积极推进省级健康促进区创建工作。推进健康促进企业、学校、医院、社区、食堂等健康细胞工程建设示范单位 60 个，健康家庭 232 户，健康细胞综合创建达标率 72.2%；建设健康主题公园、健康步道等各 1 个。启动全国健康城市建设工作。猇亭区委常委会议专题研究健康城市建设工作，成立工作领导小组和办公室、工作组，制定了全国健康城市建设工作方案和宣传方案，召开工作启动会议，举办健康细胞建设工作培训班 3 期，完成集约型健康小屋建设 1 个、标准型健康小屋 5 个；完成 1449 名居民慢性病筛查及 1935 名妇女"两癌"筛查工作，全区提供中医药服务的基础医疗卫生机构占比达 85%。

三 主要问题

（一）筹资问题

首先，各级医疗机构组织架构不清晰。基本公共卫生健康服务主要由疾病预防控制机构、城市社区卫生服务中心、乡镇卫生院等城乡基本医疗卫生机构向全体居民提供，属于政府办的公益性组织。但在调研过程中发现，猇亭区的相关机构的组织架构不明晰。宜昌市第五人民医院属于区直属单位，主要承担医疗、预防、教学、保健、康复、血吸虫防治、职业健康检查等职能，是一家公益二类事业单位。云池社区卫生服务中心挂靠宜昌市第五人民医院，主要负责辖区内的基本公共卫生健康服务的开展，社区卫生服务中心的负责人由第五人民医院的副院长兼任，社区卫生服务中心的部分资金需要第五人民医院支出。而古老背社区卫生服务中心则不同，古老背社区卫生服务中心由猇亭区卫计局进行管理，由区政府进行财政补助。桐岭村居卫生室较为特殊，该卫生室由古老背社区卫生服务中心管理，但政府没有为其提供独立的诊疗场所，而是借用原桐岭村委会的办公场所开展服务，属于村集体资产。

　　其次，资金、人员配套不到位。按照《关于做好 2018 年国家基本公共卫生服务项目工作的通知》文件规定，2018 年人均基本公共卫生服务经费补助标准从 50 元提高至 55 元。调研中，社区卫生服务中心的负责人表示，即使人均经费补贴标准提高了 5 元，还是难以较好的开展服务。社区卫生服务中心属于公益二类事业单位，实行差额拨款，主要面向社会提供公益服务，按照政府确定的公益服务价格收取费用。古老背社区卫生服务中心辖区人口较多，设施比较齐全，整合了社区卫生服务中心、妇幼保健中心和计划生育服务站，实地调研时人流熙熙攘攘。而古老背社区卫生服务中心的负责人表示，中心年业务收入约 500 万元，政府的财政补助只占到 30%，难以实现完全兜底，中心需要通过其他的方式增加收入来维持人员工资的发放以及中心日常工作的开展。古老背社区卫生服务中心尚且如此，云池社区卫生服务中心的日常运营更加艰难，其负责人表示，受中心场地、设备的限制，日常工作以开展基本公共卫生项目为主，门诊量很少，该中心的医生和工作人员收入的 90% 来自公共卫生服务经费。七里新村社区卫生服务站和桐岭村居卫生室的医生同样认为开展基本公共卫生服务的经费不足，开展服务的压力较大。

　　资金不足的问题同时导致了人员的短缺。古老背社区卫生服务中心负责人提到，中心资金支出最大的部分就是人员工资的发放，人均基本公共卫生服务经费的补助无法完全支撑中心开展服务，同时如瓶颈一般限制了中心的人员规模。古老背社区卫生服务中心共有 40 名工作人员，其中 29 名为编制人员，其中只有 4 名全科医生。开展基本公共卫生健康服务时，存在人手紧张的情况，难以开展规定次数的随访和服务。云池社区卫生服务中心共有 30403 名服务对象，下设 11 个村居卫生室，目前中心共有 18 名工作人员。在开展老年人体检时，需要中心下派医生到各个村居卫生室，人员少，时间成本高，服务开展的进度较慢。七里新村社区卫生服务站和桐岭村居卫生室都只配备了 1 名全科医生，七里新村社区卫生服务站有 5096 名服务对象，桐岭村居卫生室约有 7000 名服务对象。相比社区卫生服务中心，基层的卫生服务站和村居卫生室面临更加严重的人员不足的问题。

最后，基本卫生健康公共服务资源配置失衡。社区卫生服务中心一般以街道办事处所辖范围设置，服务人口 3 万 ~5 万人。对社区卫生服务中心难以覆盖的区域，以社区卫生服务站作为补充。社区卫生服务机构设置应充分利用社区资源，避免重复建设，择优鼓励现有基层医疗机构经过结构和功能双重改造成为社区卫生服务机构。按照要求，猇亭区设置了古老背和云池社区卫生服务中心，以及相应配套的卫生服务站、村居卫生室。但由于猇亭区辖区面积不大，村居卫生室、社区卫生服务站、社区卫生服务中心与宜昌市第五人民医院的服务范围存在很大程度上的重叠。另外公共交通以及私家车的普及，使得居民有更好的可达性，他们更愿意直接去辖区内的宜昌市第五人民医院看病，甚至去位于主城区的宜昌市中心人民医院等三甲医院就诊。这也就导致村居卫生室、社区卫生服务站、社区卫生服务中心难以通过开展诊疗等方式增加业务收入或维持运转，形成基层机构"门可罗雀"，大型综合医院"门庭若市"的现象。无论是询问村居卫生室、社区卫生服务站的医生，还是社区卫生服务中心的负责人，关于他们的门诊量、诊疗情况时，他们都表示附近的居民都愿意去更好的医疗机构。

（二）机制保障问题

第一，信息化建设问题。在调研中，基层卫生机构的医生和负责人反映在日常工作和开展基本公共卫生健康服务的过程中，信息统计上报平台不统一，系统不兼容为他们带来很大的不便。据了解，目前宜昌市、湖北省和国家卫健委的相关信息统计直报系统由不同的软件公司进行开发，不同的系统之间难以进行信息共享，从而导致"信息孤岛"的局面。基层医疗卫生机构的工作人员常常要将相同信息在不同的系统之中录入，导致重复劳动，耗费大量的人力和时间成本。

第二，村医缺少保障机制。在对桐岭村居卫生室和七里新村社区卫生服务站的医生进行访谈时发现，村医的身份、待遇和生活保障还存在较大问题。桐岭村居卫生室的村医属于家族传承，其父辈也原为当地的村医。该村医 1991 年参加工作，考取了执业医师资格证，但至今没有纳入编制，没有相应的上升通道。该村医反映，其年收入相对较低，养老保险和医疗保险都由自己缴纳，政府并没有安排相应的保障措施；同时，也由于人手不足的问题，很难抽空去参加职业培训来提高自己的医疗水平。七里新村社区卫生服务站的村医由原来的个人诊所医生转变而来，同样存在家族传承的现象。这名村医表示，相比之前在个体诊所，现在最大的差别就是收入的减少，大约减少了 5 万元，同样是由本人缴纳社会保险，政府每年除了发放基本的工资以外，只有少量的办公经费补贴。当前，政府缺少对村医的选拔、待遇、管理、晋升和保障等各个方面有效的制度安排。

第三，医联体、医共体模式效果不佳。医联体是指区域医疗联合体，是将同一个区域内的医疗资源整合在一起，通常由一个区域内的三级医院与二级医院、社区医院、村医院组成一个医疗联合体。目的是为了解决百姓看病难的问题，发烧感冒的就不用再挤进三级医院，在小医院就能解决，解决看病难的问题。实现了人民满意、政府满意、职工满意的预期目标。目前，猇亭区古老背社区卫生服务中心与宜昌市第五人民医院、妇幼保健院形成医联体，定期为居民开展服务。在医联体实施过程中，三级医院的医生、专家到基层卫生医疗机构坐诊，确实能够较好地将优质医疗资源与居民更好地联系在一起，推动均等化。但是在调研中了解到，医联体的模式对患者而言是利好的，但对一、二级医疗机构造成了困扰：经过专家诊断，将一、二级医疗机构难以治疗的病患上转至三级医疗机构，治疗这些病患能够为医疗机构带来较高的收入；同时三级医疗机构将慢性病、康复期病人下转至一、二级医疗机构，由于医保报销体系的问题，一、二级医疗机构在收治这些病患时，出现了亏损现象。目前，医联体的相关政策和利益分配不够明晰，在实施过程中必然会导致问题的出现。

医共体是指一个辖区内的医院与医疗服务机构组合、联系在一起，形成一个医疗体系，共同去实现四个方面的工作：完善医疗和医院服务体系；优化医疗资源配置、提高利用率、引导病人合理、科学就医，提升患者临床有效率和治愈率；发挥医共体内医院、医生双重医资力量，更好地满足患者基本医疗服务需求，开展临床基础研究、病理学探讨、学术交流、技术培训等；医共体将患者的健康管理、疾病诊疗、医学发展研究、医学人才培养串联起来，形成一个新型的医学人才的培养、疾病防御及数据库建设体系。猇亭区目前尚未具体开展实施医共体，成立相应的医疗集团。医共体模式作为医疗机构改革的新方向，能否更好地推动基本公共卫生健康服务均等化，还有待社会的检验。

第四，评价考核脱离实际。对基本公共卫生健康服务进行评价考核，是了解基本公共卫生健康服务现状，推动均等化的重要方式。在调研中，相关医疗机构的负责人、村医反映，现在的考核指标体系不太符合实际，单用数量、比例来衡量基本公共卫生服务的开展情况，对基层医疗卫生机构，尤其是对村医而言不太合理，存在"一刀切"现象。目前根据猇亭区各级医疗机构的资金、人员状况来看，完成相关文件规定的指标确实有较大的难度，再加上指标考核与绩效收入相挂钩，如果出现为了完成指标任务而对数据作假的情况，那么考核将无法真实地反映基本公共卫生健康服务现状，为推进均等化提供现实支撑。

随着我国经济水平的不断提高，基本公共卫生健康服务的内容将越来越丰富和完善。相应地，对基本公共卫生健康服务的评价考核应该与时俱进，顶层设计时应当考虑实际情况，不再拘泥于用简单的数字来衡量基层医疗工作者在推动均等化过程中所付出的努力。

（三）其他问题

首先是分级诊疗难以实现。建立分级诊疗制度，是合理配置医疗资源、促进基本医疗卫生服务均等化的重要举措，是深化医药卫生体制改革、建立中国特色基本医疗卫生制度的重要内容，对于促进医药卫生事业长远健康发展、提高人民健康水平、保障和改善民生具有重要意义。然而在调研中发现，分级诊疗制度实施起来难度很大。基层医疗卫生机构的社区卫生服务中心应该是常见病、多发病患者就医的第一站，但是由于猇亭区医疗机构设施特殊的设置，绝大多数患者会选择去宜昌市第五人民医院，甚至驱车前往市中心的三甲医院就诊。同时，基层医疗卫生机构还承担着慢性期、恢复期患者向下转诊的职能，云池社区卫生服务中心负责人表示，目前在社区卫生服务中心住院的患者很少，这类患者更倾向选择在二级医疗机构进行后期治疗。另外，由于医保制度的存在，居民到社区卫生服务中心就诊和到二级、三级医疗机构就诊花费的报销比例相差不大，但医疗服务水平存在差距。在花费相差不大的情况下，居民自然更愿意去二、三级医疗机构就诊。

分级诊疗难以实现的同时也存在医保资金不到位问题。宜昌市第五人民医院的院长在访谈中反映，医保资金在报销过程中存在克扣、截留等问题，这对医院的运行造成较大的阻力。目前，宜昌市全市职工医疗保险每月定额为3150万元，若超出定额，超出部分由医院自行承担；猇亭区的医保资金与居民报销费用之间存在约1000万元的缺口。此外，在医保结算的过程中实行点数结算法，按照确诊的疾病进行报销，没有将病人住院治疗所产生的其他花费，如人力成本、药物成本考虑进来，这就导致医院收治病人存在亏损的现象，尤其对医疗水平相对较低的医院来说更是难题。宜昌市第五人民医院院长表示，该医院尚有800万元的医保资金没有到位，而高级别医院诊疗手段和收费项目多，创收的能力较强，资金压力相对较小。

国家卫生计生委、财政部和国家中医药管理局2017年发布《关于做好2017年国家基本公共卫生服务项目的通知》，将免费提供避孕药具和健康素养促进两个项目纳入国家基本公共卫生服务项目，服务内容增加到 14 类。目前，我国居民的健康管理意识还较为薄弱，多为被动地接受基本公共卫生健康服务，实际开展基本公共卫生健康服务时，基层医疗卫生服务机构很难面面俱到。古老背社区卫生服务中心整合了妇幼保健部门，在中心设立了健康小屋和数字化接种门诊，因此在开展健康体检、预防接种等服务方面较为顺利，但是对老年人、慢性病患者等重点人群进行管理时，时常遇到不配合的现象，服务开展遇到困难。按照规定，社区卫生服务中心要定期对高血压和糖尿病患者开展随访，一年四次。而实际情况的是，由于居民的健康意识不强和机构人员数量的不足，最多对每位患者开展 1 到 2 次随访。

云池社区卫生服务中心刚建成投入使用不久，无法开展预防接种、妇幼保健等服务，主要的服务为老年人健康管理和慢性病患者健康管理。同样地，由于人手不足，服务开展不到位。村居卫生室和社区卫生服务站主要开展孕产妇产后随访、儿童健康管理、老年人健康管理、慢性病患者随访等服务，规模和设施的限制导致其只能提供种类较为单一的服务。另外，家庭医生签约作为推动基本公共卫生健康服务均等化的一种重要方式，却在签约服务过程中存在"签的下，担不起"的问题。调研中发现，即使居民签约了家庭医生，社区卫生服务中心由于资金、人手的问题，也很难真正提供相应的服务，居民患病时也很少第一时间向家庭医生寻求帮助，签约流于形式。

四　调研总结

2018 年 12 月 12 日，国务院新闻办公室发表《改革开放 40 年中国人权事业的发展进步》白皮书，文中指出我国人民的生命健康权保障水平大幅提升。改革开放特别是中共十八大以来，健康中国建设加快推进，为人民提供全生命周期的卫生与健康服务。中国人均预期寿命从 1981 年的 67.8 岁提高到 2017 年的 76.7 岁，高于 72 岁的世界平均预期寿命。孕产妇死亡率从 1989 年的十万分之 94.7 下降到 2017 年的十万分之 19.6，婴儿死亡率从 1991 年的 50.2‰ 下降到 2017 年的 6.8‰，提前达到联合国千年发展目标所确定的指标要求。覆盖城乡的基层医疗卫生服务体系基本建成。2017 年全国共有医疗卫生机构 98.7 万个，比 1978 年增长 4.8 倍；2017 年卫生技术人员 898 万人，比 1978 年增长 2.6 倍。国家基本公共卫生服务项目持续推进，适龄儿童国家免疫规划疫苗接种率达 90% 以上，5 岁以下儿童乙肝病毒表面抗原携带率降至 1%。建成全球最大的法定传染病疫情和突发公共卫生事件网络直报系统，平均报告时间缩短到 4 小时。

总体来看，我国的基本公共卫生健康服务成果显著。通过对宜昌市猇亭区医疗卫生机构的实地调研，发现在推动基本公共卫生健康服务均等化过程中，从政府的制度保障到医疗机构资金人员的配套，再到居民健康管理意识的培养，都还存在一些不可忽视的问题。基本公共卫生健康服务均等化仍然需要各个政府部门的相互协作，个人机构之间的相互信任，才能不断地向前推进，从而实现真正的均等化。

专题三　南海区流动人口基本公共卫生健康服务均等化调研报告

流动人口基本公共服务均等化是稳步实现城镇基本公共服务常住人口全覆盖的核心任务，也是转变政府职能，创新社会治理体制的内在要求。党的十九大报告提出保障和改善民生水平、加强和创新社会治理，从优先发展教育事业，提高就业质量和人民收入水平，加强社会保障体系建设，打赢脱贫攻坚战，实施健康中国战略，打造共建共治共享的社会治理格局，有效维护国家安全等 7 个方面做出部署。其中包括公共卫生计生服务均等化在内的基本公共服务均等化的推进，是践行和落实以人民为中心的发展思想的生动体现。

为进一步促进以基本公共服务为底线的社会公平正义，广东省佛山市南海区一直高度重视流动人口公共卫生计生均等化工作，并于 2014 年被确定为省级流动人口基本公共服务均等化试点单位。2017 年该区紧扣"共融共享 健康南海"工作主题，以促进流动人口健康服务为切入点，发挥信息化，大数据优势，创建"一镇一品牌"特色服务，全面提升流动人口基本公共卫生计生服务均等化水平。

一 政策背景

（一）相关政策

为了贯彻落实中央相关政策，特别是党的十九大精神和国务院专门政策规定，广东省遵循《中华人民共和国人口与计划生育法》、《国家人口计生委关于认真贯彻落实〈流动人口计划生育工作条例〉的意见》（国人口发〔2009〕47 号）、《"十三五"推进基本公共服务均等化规划》（国发〔2017〕9 号）、《国家人口发展规划（2016～2030 年）》（国发〔2016〕87 号）、《"健康中国 2030"规划纲要》、《"十三五"卫生与健康规划》（国发〔2016〕77 号）、《中共中央国务院关于实施全面两孩政策改革完善计划生育服务管理的决定》（中发〔2015〕40 号）、《广东省流动人口计划生育服务管理工作规范（试行）》（粤人口计生委〔2010〕11 号）、《关于全面推行流动人口婚育证明电子化改革的通知》（粤卫办函〔2015〕591 号）、《关于进一步做好农民工积分制入户和融入城镇工作的意见》（粤人社发〔2011〕306 号）、《佛山市流动人口计划生育节育奖励办法（摘要）》等一系列国家出台的关于流动人口公共服务与公共卫生计生服务均等化的法律法规及相关政策文件，认真组织实施。根据中央和广东省的相关法律、法规和政策文件，佛山市结合本地实际情况，进一步细化和创新促进流动人口公共服务与公共卫生计生服务均等化工作，制定和实施《佛山市推进农民工积分制入户城镇的实施意见（试行）》《（佛山市）关于进一步做好异地务工人员积分制入户城镇工作的意见》等相关法规政策。

（二）配套实施方案

根据国家和广东省的相关政策精神，佛山市南海区政府出台了完善流动人口公共卫生计生服务均等化的相关配套方案。其中，2017年3月出台的《党建引领非户籍常住人口融入工作方案》中制定了具体的创新性工作方案，包括对出租屋的服务与管理，非户籍常住人口子女享受医保政策，非户籍常住人口参加技能培训和创业培训，大数据搭建管理平台等政策举措。具体内容如下。

1. 出租屋的服务与管理

主要内容包括深化非户籍常住人口居住的出租屋和自购商品房的管理；拓展对流动党员的服务管理；健全出租屋管理责任倒查机制；创建出租屋管理问题约谈机制；建立出租屋管理问题通报机制，以实现"屋有纳管、人来登记、人走注销、齐抓共管"常态化目标。

2. 非户籍常住人口子女享受医保政策

通过实施医保一体化改革，做好医保政策宣传引导，优化参保流程手续，加强部门沟通协调，以实现引导和鼓励符合条件的异地务工人员随迁子女参加基本医疗保险的目标。

3. 非户籍常住人口参加技能培训和创业培训

通过加强组织保障和扶持力度；明确培训目标和任务分解；引导和培育培训机构；加大政策宣传力度四方面工作措施，以实现提升包括非户籍常住人口在内的劳动者的就业创业能力的目标。

4. 大数据搭建管理平台

通过完善非户籍常住人口信息登记机制、加强职能部门信息互联共享、探索构建非户籍常住人口信用信息应用体系，以达到非户籍常住人口登记全覆盖、依托数据平台提升服务水平、制定个人公共信用信息管理办法的多维目标。大力推进"直联＋网格化＋党员户联系"，其主要措施为实施党员"户联系"制度，发动全区党员分阶段全面参与直接联系群众，并在此基础上推进"直联＋网格化＋党员户联系"App开发应用。

二　主要经验

（一）完善规章制度，建立协调工作机制

南海区卫计局按照中央、省市一系列相关法律法规和政策规定，积极协助配合区人大、政府，积极做好区流动人口卫生计生服务均等化在内的基本公共服务均等化的法规、规章的制订和修改完善工作，对本地过去的相关管理规章、规范、制度等进行全面清理，与上述中央、省市法律法规和政策规定不一致的相关条款进行了及时修订，确保基层流动人口卫生计生均等化服务工作规范、相关制度与中央、省市相关法律法规政策的一致性，保持整体工作的连续性；同时，制定完善了相配套的南海区规章和相关制度，进一步完善了流动人口卫生计生服务管理、部门综合治理、便民维权、奖励与社会保障等方面的内容。

南海区卫计相关部门按上述系列法律法规和政策规定，在区党委、政府的统一领导下，进一步建立健全流动人口卫生计生工作协调机制，完善目标管理责任制。相关部门之间加强沟通协调，建立信息通报制度，促进政策衔接，推动信息共享，形成了齐抓共管、综合治理的工作格局。充分运用现代信息技术，在应用国家人口宏观管理与决策信息系统（PADIS）的基础上，建立完善流动人口卫生计生信息管理系统；在加强户籍地与现居住地沟通的同时，强化与相关部门信息系统间的互联互通，实现了信息共享。

（二）加强考核评估，保障经费落实

南海区制定流动人口公共卫生计生服务均等化工作双向考核政策。实行流动人口公共卫生计生服务管理工作目标管理责任制。现居住地和户籍地人民政府应将流动人口基本公共卫生计生服务管理和服务工作纳入区党政部门年度考核体系，与有关部门签订含有流动人口公共卫生计生服务管理内容的目标管理责任书，并与相关部门建立考核评估工作联席会议制度。南海区把流动人口计划生育服务管理工作情况纳入各级人

口与计划生育目标管理责任制考评和流动人口计划生育工作双向考核，作为目标管理责任制平时经常性检查和年终考核的重要依据。

南海区卫生计生部门积极协调将流动人口卫生计生管理与服务经费纳入区财政预算，建立了专项经费保障长效机制。在区卫生计生事业费中安排一定比例，专项用于流动人口卫生计生管理和服务，为满足流动人口公共卫生、计划生育、生殖健康需求，创新服务管理模式，提高服务管理水平提供了充足的经费保障。

区卫生计生部门在公共卫生健康服务、婚育证明订购、发放、管理等工作中强化经费保障、加强考核评估，具体如下：一是科学测算本省（区、市）所需数量和经费，积极协调财政部门做好经费结算工作。二是坚持省级卫生计生部门统一公共卫生健康服务标准、统一婚育证明申请订购、管理等制度，严肃查处挪用专项经费、制假造假等违法行为。三是强化工作督导和考核评估，把公共卫生健康服务质量、婚育证明发放、查验情况纳入"一盘棋"工作考核评估内容。

（三）强化监督检查、落实工作成效

《"健康中国2030"规划纲要》规定：继续实施完善国家基本公共卫生服务项目和重大公共卫生服务项目，加强疾病经济负担研究，适时调整项目经费标准，不断丰富和拓展服务内容，提高服务质量，使城乡居民享有均等化的基本公共卫生服务，做好流动人口基本公共卫生计生服务均等化工作。

南海区卫生计生部门着力把学习宣传、贯彻落实中央、省市相关法律法规和政策规定纳入重大事项督查范围，开展经常性的督促检查和情况通报。强化对基层工作的指导，及时研究解决工作中出现的新情况、新问题；建立健全了执法监督体系，充分发挥人大监督、社会监督、群众监督和卫生计生行政机关内部的层级监督作用，认真开展执法检查，切实维护流动人口享有公共卫生服务和实行计划生育的合法权益，推动南海区流动人口卫生计生管理和服务工作取得了长足发展。

（四）突出便民维权政策渠道，促进流动人口参与基层民主

南海区卫生计生部门依据相关法律法规的规定，严禁强令流动已婚育龄妇女返乡孕检；落实法定职责，及时为符合条件的流动人口提供卫生健康服务、办理生育服务登记；协调相关部门，制定切实可行的具体措施，切实维护流动享有卫生健康服务、实行计划生育、生殖健康、获得奖励优待以及计划生育家庭经济优先发展的权益，在生产、经营以及生活等方面给予支持帮助、优先优惠。

流动人口参与其工作所在地的基层治理工作，是我国现阶段大规模城镇化进程中，基层民主与社会治理的重要制度创新，也是流动人口积极融入当地社会的有效途径。在区党委的统一领导下，安排流动人口党员和代表，按一定程序和比例参与当地"两委会"（基层党支部委员会和居委会），是参与性制度功能的具体实践，从而使流动人口与当地民众之间的沟通与融合有了正式合法的组织保障和制度支撑。这项政策在南海区的有效实施，为全省乃至全国流动人口的社会融合与基本公共卫生计生服务均等化工作产生了积极影响，起到了重要的示范作用，开创了基层社区治理创新的新局面。

三 政策建议

流动人口公共卫生计生服务均等化政策是现阶段我国社会治理的一项重要内容，也是《中华人民共和国宪法》规定的公民权利的具体实现。今后较长一个时期内，流动人口规模化融入城市社会或工作所在地社会仍然具有较多限制性条件。党的十九大报告中把我国现阶段社会主要矛盾表述修改为"人民日益增长的美好生活需要和不平衡不充分的发展之间的矛盾"。其中由于城乡和区域发展的客观现实原因，我国人口的单方面流动将是一个较长时期的趋势，而流动人口问题中的社会治理将是关系我国社会和谐稳定的一个重要方面。结合本篇调研报告发现的问题，国家在流动人口治理，特别是流动人口包括公共卫生服务在内的基本公共服务均等化政

策方面，需要进一步改革和完善相关制度和政策，以此保障和实现流动人口公民权利，促进社会和谐稳定，激发社会发展活力。主要有以下几个方面。

（一）提高领导重视程度，保障相关政策落实

党的十九大精神明确提出了要全面坚持党的领导。"东西南北中，党政军民学，党是领导一切的。"中央和地方各级党委的重视是做好流动人口基本公共服务均等化的政治保障。在各级党委的领导下，深入研究问题，科学制定工作目标，合理分工，明确各级党委和政府的流动人口公共服务均等化工作责任制，并把该项工作纳入年度考核内容，以此保障流动人口治理各项政策的落实。

（二）加强专题教育，增强干部服务管理意识

促进流动人口公共卫生计生服务均等化是我国经济社会转型时期的一项特殊社会治理工程，其实施需要丰富的专业知识与复杂艰辛的实践努力。关于这项宏大的社会工程，各级党政部门需要通过专门机构、宣传部门、新闻传媒加强对各级党员干部的常态化的专门培训和宣传教育，从而使各级党员干部充分认识到做好流动人口公共卫生计生服务均等化的重大社会意义，并掌握扎实的专业知识，积累丰富的实践经验，掌握工作的规律性，了解流动人口的动态情况和他们对公共卫生计生服务均等化的真实诉求，从而不断提高流动人口公共卫生计生服务均等化工作的针对性、实效性和科学性。

（三）完善体制，探索公共服务均等化新模式

流动人口公共卫生计生服务均等化工作具有较强的动态变化性，它与国家总体经济形势与各地产业发展状况息息相关。因此，珠三角地区的流动人口公共卫生计生服务均等化工作需要讲究规律性与动态性相结合，积极适应珠三角地区产业发展与流动人口变化的形势，建立和完善佛山市流动人口公共卫生计生服务均等化工作的体制机制，不断提高流动人口公共卫生计生服务均等化水平，真正实现将佛山市南海区公共卫生计生服务均等化与国家政策的一致性和珠三角地区特色模式的有机结合。

（四）提升技术，推进大数据与"网格化"管理

大数据与"网格化"管理与服务模式不仅能提高工作效率和促进服务水平的公平性、透明度，而且还能够实现流动人口公共卫生计生服务均等化工作信息的互联共享。通过完善以建立流动人口健康档案和完善双向信息交换机制（流动人口户籍地与现居住地）为基本框架的工作机制和完善非户籍常住人口信息登记机制、加强职能部门信息互联共享、探索构建非户籍常住人口信用信息应用体系，以达到非户籍常住人口登记全覆盖、依托数据平台提升服务水平、制度个人公共信用信息管理办法的多维目标。

（五）调动原计生人员积极性，参与基层流动治理工作

随着国家计划生育政策的调整，原从事计生工作的人员职能有所调整，实际工作中有被边缘化的现象。这些长期工作在计生服务工作第一线的人员，他们拥有丰富的基层经验，对曾管辖的基层人员和实际情况都非常了解，可以作为联动流动党员，是指导其共同参与社区治理的合适人选。这在一定程度上，也弥补了当地流动党员迫切期望政府职能部门为其授权，参与社区治理的意愿，但目前又无法在短期内实现的困境。

专题四　南海区非户籍人口参选村居"两委"试点调研报告
——流动人口政治融合方式探索

党的十九大报告从推进制度建设的角度提出了打造共建共治共享的社会治理格局的思路和要求。报告指出，"要加强社会治理制度建设，完善党委领导、政府负责、社会协同、公众参与、法治保障的社会治理体制，提高社会治理社会化、法治化、智能化、专业化水平"①。

---

① 《习近平在中国共产党第十九次全国代表大会上的报告》，http://cpc.people.com.cn/n1/2017/1028/c64094-29613660.html。

广东省是人口流入大省，到 2017 年 5 月底，广东省流动人口达 4094 万人①，约占全省常住人口数的四成。尤其在珠三角，许多城市户籍人口与非户籍人口数量相当甚至倒挂（见表 4 - 2），而流动人口又长期不能纳入当地的基层组织建设中。作为深化基层组织建设和基层治理创新的一项重要举措，2017 年换届选举之前，时任省委书记胡春华提出在广东省开展非户籍流动人口担任村（社区）"两委"委员试点工作，通过此举，让流动人口参与社区自治。自此，广东在 2017 年基层党组织换届中，进行非户籍常住居民和党员参加村居"两委"选举尝试，在试点的 1484 个村居中选举产生了 1581 名非户籍"两委"委员。②

表 4 - 2　广东人口流入主要城市人口倒挂情况

序号	城市	2016 年常住流动人口数量(万人)	2016 年户籍人口数量(万人)	倒挂比例(%)
1	深圳	887.87	332.20	267
2	东莞	415.86	191.40	217
3	中山	162.45	156.10	104
4	佛山	360.09	385.61	93
5	珠海	100.00	110.22	91
6	广州	572.98	840.4	68

佛山作为广东省第三大城市，同时也是制造业大市，2016 年非户籍常住人口 346 万人，占常住人口总数达 46.4%。③ 佛山市南海区是典型的户籍人口与非户籍人口倒挂的城市区，2016 年该区常住人口 322

① 《截至 2017 年 5 月广东流动人口达 4094 万人》，金羊网新闻，http://news.163.com/17/0712/18/CP5P17O900014AEE.html。
② 《广东代表团向中外媒体开放胡春华马兴瑞等回答中外记者提问》，http://cpc.people.com.cn/19th/n1/2017/1020/c414305-29599172.html。
③ 《佛山 160 名非户籍委员的"第一堂课"：学习如何当好村居带头人》，http://static.nfapp.southcn.com/content/201709/14/c676104.html。

万人，其中非户籍人口（流动人口）194 万人，跨省流入人口占
65.41%，劳动人口占 84.01%。本次报告即是在对南海区非户籍"两
委"委员试点工作调研的基础上，梳理非户籍"两委"委员政策落地
的过程、选举过程、发挥作用情况、存在问题，并提出政策建议。

一 试点政策梳理

南海区是时任省委书记胡春华的直联工作挂点，在非户籍人员担任
"两委"委员改革方面被寄予厚望。南海区将非户籍常住居民和党员参
加村居"两委"选举试点工作作为 2017 年的重点工作，成立了"新市
民融入基层治理"工作领导小组，区委书记任组长，按照胡春华关于
基层治理重构的指示精神，积极探索和创新基层社会治理。政府的重视
程度和工作力度从密集出台的文件可见一斑。几个文件体现了南海区在
推行非户籍两委委员工作中所秉承的顶层设计、各方配合、分步实施、
循序渐进、慎重稳定的思路（见表 4-3）。

表 4-3 南海区非户籍人员参选"两委"委员工作文件梳理

发文时间	发文单位	主题	解决议题	相关具体规定
2017 年 1 月	区委	印发《南海区"党建·引领"行动计划》	原则条件方法	1. 推进党建引领非户籍常住人口融入,增强归属感、获得感及认同感 2. 正式提出"有序引导非户籍常住人口参加基层选举" 3. 按照分类分阶、有序推进的原则,多层次、系统性推进非户籍常住人口进入村(社区)"两委",带动非户籍常住人口实现从参与议事到参与决策的转变提升 4. 综合考虑试点村(社区)党组织驾驭能力、管理服务水平、非户籍党员骨干储备情况和本地居民接受程度等四个因素,按照"先参与议事,后参与决策""先群团组织,再党组织,后自治组织"的思路,将非户籍党员和骨干人员逐步吸纳进入村(社区)基层组织,促进社区事务民主决策、民主管理

续表

发文时间	发文单位	主题	解决议题	相关具体规定
2017 年 2 月	区委	印发《党建引领非户籍常住人口融入工作方案》	步骤范围	1. 提出"有序进入村(居)'两委'" 2. 选取符合条件的村(居)(已实现"政经分离"、非户籍常住人口较多),开展非户籍常住人口进入村(居)"两委"试点工作,根据各镇(街道)实际情况,经相关组织和法律程序,推选一批符合相关条件的优秀非户籍常住人口成为村(居)民代表,力争实现有一定数量的优秀非户籍常住人口进入村(居)"两委" 3. 对条件成熟的村(居),同时推进非户籍常住人口进入"两委";对条件较好的村(居),重点推进非户籍常住人口进入党组织;对条件一般的村(居),侧重推进非户籍党员骨干加入群团组织和参理事会,培养后备力量
2017 年 3 月	"新市民融入基层治理"工作领导小组	推进非户籍常住人口进入基层群团组织工作	路径进度	1. 区总工会、妇联、团委分别制定了选举工作的工作指引 2. 各镇(街道)列入示范点的 21 个村(居)在 2017 年 3 月底前完成选举工作,其他条件成熟的村(居)在 2017 年村(居)"两委"换届后,推进选举工作
2017 年 5 月	区委办区政府办	"两委"非户籍委员工作职责、管理与待遇的指导意见	职责管理待遇	1. 职责:管理、沟通、联络驻村(社区)非公企业、社会组织及其党组织;负责非户籍常住居民及党员的教育、管理、监督、服务,引导非户籍常住居民积极参与社区建设、社区活动;协助班子成员的其他工作,完成镇(街道)和村(社区)"两委"交办的其他工作任务 2. 管理与待遇:按"选聘分离"原则,一般聘为社区公共服务中心工作人员,签订劳动合同

二　试点障碍分析

农村村居"两委"委员是基层政权的领导人员和管理人员,选入"两委"委员,意味着进入当地领导管理层,拥有一定的领导和管理权力。领导权力在本质上是一种社会关系和利益关系,赋予外来人口这种权利，这在当地历史上还是第一次，必然要引起强烈反响甚至出现反对势力。反映对非户籍"两委"委员拥护与反对的意见，本质上是流动人口融入当地是"承认或排斥"的问题，各种具体的排斥（力量）和承认（力量）进行过反复较量，可以说现在仍然存在。其中的核心问题是"本地居民与流动人口群体之间的资源分配问题，且这一关系是在各种力量的博弈中不断发展着变化的"①，相对于城市居民或农村原居民，流动人口是外来人口，处于明显弱势地位，而且"地方政府在制定公共政策时还会限制流动人口的某些权利"。此次选举的难度主要体现在流动人口融入障碍的问题上，研究表明，流动人口社会融入有以下障碍。

一是自身障碍（素质、文化、认知方面的障碍）。由于流动人口对自身的社会地位、社会功能、生活或生存方式、社会特征以及与其他群体之间的关系方面的长期认知，形成了一个共识，即他们自身并不认为他们是归属于城市的，而是认为自己归属于农村。他们当中的绝大多数都有一种"低人一等""让人三分"的自我认知，进而导致流动人口认为参与选举、当"两委"委员是本地人的事儿，与自身无关。

二是制度障碍。制度性障碍表现在三个方面：（1）城乡分割的户籍制度及其衍生的社会政策福利（包括教育、医疗、就业、住房以及其他公共服务）差异，使这些农业转移人口很难享有与城市居民平等的权利与福利。（2）城乡分割的二元劳动力市场，使得"首属劳动力市场和次属劳动力市场之间有一条难以逾越的制度性鸿沟"②。（3）僵化的农村土地承包制度和宅基地制度。

三是社会障碍。社会性障碍主要来自三个方面：（1）来自城市政府普遍存在重管理而轻服务、重义务而轻权益的问题。（2）来自城市

---

① 潘鸿雁：《从"民工荒"透视城市流动人口管理与服务：问题与对策》，《天府新论》2011年第4期。
② 李斌：《中国劳动力市场结构：从"刚性"走向"渗透"》，《求实》2004年第1期。

居民对农业转移人口普遍持轻视态度和排斥心理。（3）来自农业转移人口自身社会资本的匮乏。他们习惯于构建以地缘、血缘和亲缘为基础的小范围的社会关系网络，这种"同质性强、异质性差的社会资本很难为农业转移人口提供在城市中向上流动的机会"[①]，如果参与选举，流动人口自身的社会资源也很难为其提供帮助。

三 非户籍"两委"产生过程

（一）创设选举基础

1. 农村综合改革从基层治理体制角度赋予流动人口参选资格

2011 年，为破解政经混合、权责不清、村居党组织书记一身兼数职以及集体经济绑架基层组织等诸多发展问题，南海区启动以政经分离为核心的农村综合改革，通过实行选民资格、组织功能、干部管理、账目资产和议事决策"五个分离"，所有村居党组织、自治组织和集体经济组织分开进行选举，并且理顺基层各组织关系：党组织负责搞好党建工作，自治组织负责搞好自治和公共服务，集体经济组织负责发展集体经济，使三大组织回归本位。改革的根本目的是使村居自治职能（含社会管理职能）与集体经济管理职能实现分离，把集体经济矛盾纠纷区隔离在集体经济组织内部，建立起了防止集体经济利益矛盾激化的"防火墙"。同时，村居民身份和社员股东成员身份也实现分离。

在此基础上，从 2015 年开始，南海推行"确权到户、户内共享、社内流转、长久不变"的股权确权新模式，着力解决利益分红中一系列权益边界问题。截至 2017 年 11 月 21 日，南海区已完成股权确权章

---

① 李汉林、王琦：《关系强度作为一种社区组织方式——农民工研究的一种视角》，中央编译出版社，2001。

程表决的集体经济组织有 1739 个，完成率为 87.04%。① 确权的核心是"确权到户"，明确以户为单位进行股权登记和股份分红，以户代表作为股权登记主体。确权之后，股权管理将与户籍制度脱钩，今后获得股权的"家庭户"将有别于"户籍户"，亦即一个家庭进行户籍分户并不影响分户后的家庭成员获得股份分红。这是针对之前"股权固化到人"带来的问题做出的调整，使股权从过去动态调整型向稳定规范型转变。

本地户籍居民对外来人口担任"两委"委员的主要担心是外来人口当了村干部后形成的利益集团可能会争夺集体经济利益。而通过"政经分离"、股权确权等一系列改革，明晰了居民和社员股东的身份及权益边界，新增外来人口可以参与乡村社会管理事务，但不能参与集体经济组织、分红，从而在制度设计上避免外来人口和原住民在集体经济利益问题上的矛盾。公共服务与户籍及集体经济组织成员身份资格脱钩，使外来人员和非股东居民能够享受均等基本公共服务，也使其有资格参与社区村镇事务管理。

2. 社区服务中心及其"选聘分离"制度使流动人口具备行使行政权力的条件

实施标准化的社区服务中心及覆盖区、镇街和村居的三级行政服务体系建设，将区和镇街大部分行政审批权限及服务资源直接传递到社区服务中心，即原来由村委会承担政务职能集中到了社区服务中心，政府下拨的经费全部划入社区服务中心。社区服务中心具有独立法人资格，镇街政府直接管理，具体承担社会管理、民政及社会保障等职能。"两委"委员选举是自治组织选举，由村民直接选举产生，任何组织或者个人不得指定、委派或者撤换村民委员会成员。而公共服务中心实行"选聘分离"，即村"两委"成员由村民选举产生后，被聘为社区服务

---

① 《乡村治理模式一：政经分离》，http：//www.banyuetan.org/chcontent/zx/mtzd/20171212/241764.shtml。

中心干部，享受财政统筹的工资待遇；如果村两委干部当选后不作为，则不聘其为行政服务中心干部，虽可以继续当"两委"干部，但只能拿村里给的较低的误工补贴。党支部书记、村委会主任可以兼任公共服务中心主任，通过这种方式，可以使符合党和政府意图的干部被聘任为公共服务中心主任，2016 年南海区"一肩挑"比例达 99.8%。

3. 研判产生过程

在操作层面，选举的难点主要集中在非户籍常住人口参选"两委"委员的做法与现行法律存在一定矛盾，同时，涉及集体经济分红的村居村民担心个人经济利益受影响并造成社会不稳定。因此，整个选举过程中，稳中求进是总基调，"在哪里选，选什么人，如何选得上，选后作用如何发挥"① 是主线。

（1）确定试点社区

为科学确定试点范围，依托公安、流动人口管理等部门以及新经济组织、新社会组织的党组织，全面排查、逐一摸清村（社区）中非户籍常住居民及党员的数量、分布情况。而后根据相关试点要求、考量因素，最终确定试点社区（村）。主要考虑人口户籍结构和政治经济基础。

人口户籍结构是划分村（居）的基本条件，也是与本次推选名额多少直接相关的重要条件。目前，南海的基层社区分为三类：城市社区、农村社区和"村改居"社区，2017 年各类社区共 268 个。此次，非户籍常住人口担任"两委"委员的试点工作，广东省要求非户籍常住人口达到户籍人口 30% 以上的社区，都要开展非户籍常住居民及党员参加社区"两委"选举试点工作。南海区进一步细化要求，非户籍常住人口达到户籍人口 3 倍的城市社区，可以探索选 2 名，有条件的其

---

① 《佛山 160 名非户籍委员的"第一堂课"：学习如何当好村居带头人》，http：//static. nfapp. southcn. com/content/201709/14/c676104. html。

他城市社区选 1 名，"村改居"社区和农村社区可以自行探索。

好的政治经济基础是推选和推选工作顺利圆满的前提。由于南海区的农村社区和"村改居"社区有分红机制，而且历来村民自治组织选举都容易引发矛盾，推行非户籍常住人口担任"两委"委员选举工作难度较大。而相比而言，城市社区大多是商品房居民小区，居住较为分散，未构成熟人社会，也不涉及利益分配，因此，选举容易推行。因此，首次开展非户籍常住人口"两委"委员选举工作，主要是在城市社区和历来选举和谐稳定、社会风气较好的农村社区和"村改居"社区进行，在本就不平稳的村居采取不宣传、不开展的策略，以确保选举不引发社会矛盾。

（2）统一宣传口径

非户籍常住人口难以参与进入"两委"，尤其在农村社区和"村改居"社区，根本矛盾在于村民担心非户籍干部影响村民利益、不能为村民谋利。因此，在宣传对策上，集中宣传非户籍常住人口担任"两委"的"三不三有利"原则：不享受集体经济利益、不影响"两委"原有职数、不挤占原有公职安排，有利于沟通服务非户籍常住人口、有利于增强社区工作力量，有利于社区共荣和谐。就当地居民关心的利益问题，宣传重点是说明非户籍"两委"委员工资由财政资金承担，不影响本地分红，职数是新增编制，能够增强服务力量。解除村民顾虑，争取本地户籍人口对试点工作最大的支持。

（3）物色和选择候选人

此次选举对非户籍人员参选"两委"委员资质作了初步要求：参选非户籍党组织委员的人员应在社区内居住或工作 1 年以上；参选非户籍居委会委员的人员要在社区内居住 1 年以上。有担任过社区"两委"班子成员、非公企业和社会组织党组织委员、社区专职工作人员等经历的、2016 年以来被评为优秀外来人员的、长期参加社区志愿服务的，可优先推荐为候选人。

确定合适的候选人是基层选举的难点，这一困难在从"体制外"选取基层政府组织的核心成员中更为突出。对此，南海区采取的应对策略是一切从严把关。在符合要求的基础上，不接受个人报名、不组织统一考试，而是由镇街党委、组办（组织部门）负责物色人选，通过开多次座谈会，"找一批出来，选一批出来，个别谈话选一批"，并通过公安、卫计等系统对候选人本人和有关亲属等进行背景调查，对其领导、同事、朋友等谈话。经过一系列被称为"比选干部更严格"的程序后，最终确定政治立场坚定、文化程度较高、具有较强参政议政能力、热心工作的人员作为候选人。也正是在如此严格的把关之后，候选人能够"基本保证50%的选票"。

（4）组织选拔选举

南海区基层民主选举，采用"选拔＋选举"同时进行的方式。党组织、镇街道党委对候选人进行培养和选拔，让候选人参与服务，让选民认识、熟悉、了解候选人。通过做工作，让党认可的准领导干部，通过民主选举，当上领导干部，使党的意志和人民的需求相结合。选举过程中，关键是党组织在地区通过领导引领，挑选出最优秀的候选人参与选举。选举按照程序依法依规进行，当场唱票。第一次是提名选举。如选票过半，则当选，无须进行第二次投票；如果选票未过半，则再进行选举。总体上，候选人都能在第一次投票中通过。

（二）慎用选举结果

1. 聘用

选举完成后，按规定进行任用。按照"选聘分离"的原则，当选的非户籍委员全职从事村（社区）"两委"班子成员工作，一般聘为社区公共服务中心工作人员，按照《劳动合同法》的相关规定，与社区公共服务中心签订劳动合同。聘用人员可被聘任为社区公共服务中心领导成员或其他工作人员。领导岗位的工资待遇按照同等职位的其他领导成员的区镇财政工资部分标准执行。其他工作人员根据岗位安排，按照镇（街道）内相对统一的原则，确定具体薪酬标准。薪资待遇的经费由区、镇（街道）两级财政全额负担，不享有其所在村（社区）集体经济组织的各项权利（分红、福利等）。区级财政按照每人每年4万元的标准补贴经费，剩余部分由镇（街道）财政解决。

2. 培训

对顺利当选的非户籍委员，佛山市还将其"扶上马，送一程"，采用"专题培训＋导师培养"的模式对全市非户籍委员进行培训。一方面，佛山市委组织部将对全市260名非户籍委员统一进行专题培训，重点增强其公共服务、群众工作和党建工作三种意识和能力，提升其组织动员、教育管理、监督服务非户籍常住居民及党员的知识和方法。另一方面，各级组织部门还将安排专人结对实行"导师制"，加强党性教育、乡情教育和纪律教育，帮助其加快熟悉基层情况、熟悉班子运作、熟悉群众工作。南海区也安排了专门的培训，帮助新当选委员尽快融入社区工作。

3. 考核评议

由镇（街道）党（工）委建立非户籍委员考核工作方案，每年对非户籍委员履职情况进行考核，连续两年考核不合格的委员可按照有关规定给予免职等处理。届满后开展任期考察，考察情况将作为是否推荐为下一届非户籍委员人选的重要依据。

四　非户籍"两委"构成情况

2017年，佛山市共有749个社区（村），其中开展非户籍委员试点的社区（村）有258个，共选出非户籍委员260名。① 南海区共有268个社区（村），共选出非户籍"两委"干部213名，占佛山市的82%。

---

① 《佛山160名非户籍委员的"第一堂课"：学习如何当好村居带头人》，http://static.nfapp.southcn.com/content/201709/14/c676104.html。

其中，城市社区 53 个，有 51 个城市社区党组织和自组织选举产生非户籍"两委"干部，161 个试点村（社区）共选出 162 名非户籍委员进入村（居）"两委"领导班子。此外，组织意图人选当选比率、平均得票比率也较高。

根据佛山市有关部门的统计，此次当选非户籍委员年纪较轻，平均年龄仅 31.3 岁，比全市社区（村）"两委"班子成员平均年龄小近 10 岁；文化水平较高，大专及以上学历 241 名，占总数的 92.7%，比全市社区（村）"两委"班子成员大专及以上学历高 16.2 个百分点。[①] 在南海区调研还发现，考虑到地方语言、文化等因素，当选的非户籍"两委"委员多为非佛山市的广东其他市区的户籍。而且，当选者过去所从事的工作多与政府存在一定联系。

五 试点效果

试点工作开展一年多以来，虽有个别非户籍委员工作不力，但是，总体上，对于非户籍委员的工作评价普遍是肯定的，甚至比本地的干部"素质更高、工作更积极"，"本地人对试点政策是欢迎的"。对社会各方面，也产生积极的效果。

（一）非户籍"两委"委员自身的融入感增强

就流动人口自身而言，当选"两委"委员是一种直接、有效的政治参与方式。客观地说，"两委"委员的工作能使流动人口增强获得感、荣誉感、成就感。访谈中，非户籍委员普遍认为，担任"两委"委员以后，通过直接、深入的参与社区（村）的治理与服务，转变自身"外来者"观念，激发"主人翁"意识，个人的融入感明显增强。

（二）流动人口服务管理的工作效果提升

第一，非户籍委员不仅是职位，还代表着话语权。非户籍委员了解

[①] 《佛山 160 名非户籍委员的"第一堂课"：学习如何当好村居带头人》，http://static.nfapp.southcn.com/content/201709/14/c676104.html。

流动人口需求、想法，而且能够将流动人口诉求直接传递给基层政府领导层，影响政府决策和资源分配的导向。第二，"外地人"的身份使"两委"委员和流动人口更能相互理解、支持，共同构建和谐、稳定、人性化的服务体系。一方面，非户籍"两委"委员从流动人口中产生，在工作中更能够深入流动人口中去开展工作，破除管理中"本地人"和外地人的身份对立，发挥了桥梁纽带作用。工作方法上，也更加注重使用"共情"等社会工作手法，缓和"管理者"与"被管理者"的角色对立和矛盾。另一方面，从"同为外地人"的情感角度，流动人口更容易建立对非户籍委员天然的亲近感和信任，愿意将非户籍委员作为解决问题的渠道，同时，对非户籍委员的工作也更加支持。第三，非户籍"两委"委员年轻有干劲，能在一定程度上缓解现阶段所面临的流动人口服务管理人员缺口的压力。

（三）流动人口社会融入水平得到推动

第一，非户籍委员通过示范和动员，能够提高流动人口的社区参与度，使流动人口之间以及流动人口与社区之间的联系更为紧密，也有利于形成流动人口自组织。第二，非户籍"两委"委员还参与工会、共青团、妇联等群团组织管理，能够更好地在流动人口服务中发挥群团组织联系群众的作用。

（四）社区治理现代化水平得到提高

非户籍常住居民在社会上处于相对弱势地位，对他们的管理和引导相对而言处于真空地带。当工作和生活中遇到困难和问题时，流动人口一般不是找政府和组织来救助，而是通常采取非制度化的方式来解决，比如找关系、托人情、走后门等。如果是普遍的共性问题，这种非制度化行为容易导致群体事件，而非户籍常住居民当选为"两委"委员后，能够因势利导，发挥优势，从而提升社区治理的现代化水平。同时，非户籍委员高学历、年轻化的特点有利于激活政府管理层在流动人口服务管理中的活力和创造性。此外，在农村社区中，非户籍委员"外地人"的身份，有利于规避盘根错节的亲缘关系给工作造成的阻力。

（五）基层民主法治进程初步探索

在城市总人口占据相当比例的非户籍人口群体，在基层民主选举、民主决策、民主管理、民主监督中长期"缺位"，是基层治理难的一个重要原因。流动人口的选举权和被选举权如何保障，是需要党委政府和社会各界高度关注并积极推动解决的问题。非户籍常住居民及党员的履新有一定示范效应，可以唤醒流动人口的政治参与意识。随着非户籍常住居民群体的扩大，特别是参政意识较高的高学历新生代人口所占比例越来越大，他们的参政意愿越来越强烈，但他们对自己到底享有哪些政治权利，如何行使这些权利并不清楚。非户籍委员试点有利于在实践中探索流动人口政治参与动员并理顺参政渠道。

六　存在的问题

作为试点政策，在探索阶段也存在一定问题。

（1）非户籍委员候选人是街镇党委物色，大多过去与政府或群团组织有过工作联系，相对于庞大的流动人口群体，候选人的选择范围还较小，存在一定的局限性。

（2）超过八成的非户籍委员调研对象户籍地为广东省内。这一结果也在组织部门有关工作人员等访谈中得到证实。在试点选举中，户籍地是广东省内佛山市外是首选。主要考虑因素是粤语沟通便利和语言、文化相同更容易得到本地人的接受。既有"一开始步子不能太大"的求稳心态，似乎也有一些"肥水不流外人田"的考虑。

（3）《广东省村民委员会选举办法》中规定：村民委员会主任、副主任和委员，由村民直接选举产生。任何组织或者个人不得指定、委派或者撤换村民委员会成员，也不得停止其职务等与规定相冲突的做法。非户籍人口"两委"委员物色和选举的做法与《广东省村民委员会选举办法》《村民委员会组织法》存在矛盾。这也是当地组织部门在工作中最为担心的，"两委"委员试点工作对当地政府而言是新任务新要求，没有充分的法律依据，村组法、选举办法都没有相关规定。而这项工作又是时任省委书记亲自指示，被佛山市南海区委作为"一号工程"来抓。不同于一些地区让流动人口兼职担任"两委"委员的做法，南海区的试点方向是让非户籍人员直接进入"两委"班子成员，正式聘用，同工同酬，参与社区决策、日常运行，享受相应待遇。这一改革的步伐比较大，属于"第一个吃螃蟹"的做法。南海区采取的策略亦向中央组织部和省委组织部请示过，上级表态可以作为试点开展，但不能铺开。

（4）目前，政府对于"两委"委员能否发挥作用、作用效果如何还需要时间去检验，对于下一届是否还继续选举，目前也尚未明确。对于政府而言，整个试点工作都还处于探索阶段。而对于"政策试验"最直接的参与者——非户籍委员而言，对三年任期期满后的政策和个人发展不确定性的担忧是普遍存在的，进而影响整个队伍的团结、稳定和作用。

（5）在户籍人口和非户籍人口倒挂严重的地区，非户籍委员的加入虽然一定程度上增强了流动人口管理服务的力量，但面对数量庞大的流动人口群体，人手短缺的问题依然严峻。如何用好试点政策、发挥非户籍委员的功能、带动流动人口参与自我管理，都是需要在实践中不断思考和探索的实际困难和工作挑战。

（6）非户籍"两委"委员的权力行使问题。能否保证"两委"委员的权力正当行使，是衡量本次改革成功与否的关键。一般地，作为"两委"委员应当行使的权利包括政治权、经济权、决策权、话语权。但是按照方案，为了保证推选顺利，非户籍"两委"委员实行"三不原则"，即不参与集体利益分配，不影响两委原有领导职数，不挤占原有公职安排。这几条原则虽然"剥夺"了非户籍"两委"委员的集体利益分配权，但是确是符合实际的做法，最大限度地考虑了原居民的利益受损度、心理接受度、工作认可度。所以，在"两委"委员上任之后，这些权力实际行使情况如何，需要进行考量。

七　政策建议

（一）完善非户籍"两委"委员政策

调研中，南海区有关部门表示试点政策在本届任期期满后是否能继续实施目前尚未确定。试点工作把基层自治、社会治理由管理向治理转变，通过推进非户籍居民与户籍居民共融来落实共建、共治、共享。因此，从基层治理创新探索的意义上，试点政策应该要继续实行，保持政策的稳定性和持续性，继续推进非户籍居民融入基层治理，为改革留足时间和空间。同时，这项政策目前仍处于试点阶段，虽然有政策和制度的保障，但设计还不完善，具体实施办法衔接不畅，操作不便，还需要不断总结经验，完善政策制度。探索通过立法的方式，及时将个别试点的管理规范提炼提升为全面铺开的党内法规、法规规章，实现向法制化、规范化、科学化推进，让推进非户籍常住居民及党员成为常态性工作，为逐步全面铺开奠定制度基础。

（二）扩大流动人口政治参与路径

政治融合是社会融合的重要组成部分，且只有政府能够有效推动流动人口的政治参与和政治融合。调研发现，担任非户籍委员的流动人口与普通流动人口相比有更强烈的归属感，更少地感受到作为外地人与本地人的差异。应以此次试点为契机，唤醒流动人口的政治意识，探索扩大其政治参与的路径，培养其参政意识和能力，进一步落实基层共建、共治、共享。

（三）加大对流动人口自组织培养

要充分发挥党委以及工会、团委、妇联等群团组织的作用，同时，鼓励和引导社会组织等非营利组织参与，建立流动人口自组织。一方面，能够为流动人口构建社会支持网络，形成社会联系，实现群体内的自我服务和发展。另一方面，也能形成户籍人口与非户籍人口之间的互动平台，形成流动人口参与社区事务和活动的途径，有利于消除两者间的对立和隔阂。

（四）加强非户籍"两委"委员队伍建设

面对不是从干部队伍里成长起来的非户籍"两委"委员，如何实现因事任人、人尽其才、才尽其用，如何科学地进行分工、培养、考核，事关这支队伍能否发挥出预期作用，也事关试点政策能否得以延续，这仍是政府和有关部门需要继续探索的任务。同时，降低人为门槛，让更多优秀的非户籍常住居民及党员有机会进入基层治理组织，找到归宿。在新经济组织、新社会组织、群团组织、公益组织等专兼职骨干力量中，有意识发现、培养、储备一批热心和熟悉社区工作、素质高、口碑好的非户籍委员后备力量，争取在一次换届中，提升非户籍"两委"委员的比例和人数。此外，对于非户籍委员而言，选择加入"两委"是一次新的职业选择，试点地区需要充分考虑其岗位稳定、薪酬体系、晋升通道等问题，合理设计职业发展通道，否则，势必会影响队伍的稳定。

（五）推广非户籍"两委"试点工作经验

流动人口社会融合是一个不可逆转的发展趋势，我们必须因势利导、顺势而为，不能人为制造阻碍、逆流而动，甚至倒行逆施，这应当成为党和各级政府以及社会各界的共识。流动人口当选村居"两委"委员体现了政治参与和政治融合是社会融合的重要组成部分，也是相对缺失的一部分。南海区的试点工作为流动人口政治参与提供了有益的探索和经验，应该在非户籍人口倒挂的地区进行推广。要创新社会管理模式，积极引导流动人口合法有序地进行政治参与，吸纳优秀精英参与党组织、工青妇等群团组织和其他基层党政组织，建立流动人口政治参与的制度渠道，使流动人口从过去的政治边缘化群体成为社会主体，为实现流动人口社会融合开辟制度通道和组织基础。[①]

专题五　南海区"构建熟人社区　促进社会融入"调研报告

一　概况

随着现代化、城镇化进程的不断加快以及人口流动的日益频繁。熟人社区逐渐瓦解，陌生人社区逐渐成为社区发展的主要趋势及重要类型。社区边界的开放化、社区成员的高异质性和流动性以及网络化、信息化的发展使得人们对社区公共空间的渴望弱化，社区成员之间难以发展出稳定、互信的关系，也难形成较为一致的社区理念，进而难以产生对社区的认同感与归属感。

熟人社区通过人情面子约束个体行为，通过增加社区居民对社区的认同感、归属感来扩大传统定义上的"家"的范围。[②]熟人社会具有信息透明度高、以情动人的特点，可以促进相互了解，减少交流和交往的障碍，降低人际互动与社区管理的成本。熟人社会的互信机制可以增进居民安全感和幸福感。[③]社区成员通过主动参与社会活动和社区管理，增强了对社区日常生活和文化价值的认同感。[④]熟人社区通过重建居民

---

① 肖子华：《习近平流动人口社会融合思想研究》，《人口与社会》2016年第3期，第36～50页。

② 王泗通：《"熟人社会"前提的社区居民环境行为》，《重庆社会科学》2016年第4期，第59～63页。

③ 刘羽：《城市社区管理需要重构熟人社会》，《党政论坛》2012年第10期，第47～48页。

④ 王泗通：《"熟人社会"前提的社区居民环境行为》，《重庆社会科学》2016年第4期，第59～63页。

之间的联系，形成相互尊重、相互关爱的邻里关系，有利于促进社区成员之间的互动，增强流动人口与本地人群的交往、交流，促进社会融合。同时，熟人社区通过挖掘社区的内生资源并对其进行整合利用，有助于社会自我运转和良效运行。

南海区通过创建熟人社区、培育社区社会组织、购买服务引入专业的社工服务，引导居民参与社区自治，一定程度上提升了社区的治理水平，增强了新市民与本地居民之间的互动交流，有助于促进新市民的社会融入。

二　经验总结

《南史·吕僧珍传》中说："百万买宅，千万买邻。"和睦的邻里关系，有助于提升居住品质与生活质量。南海区以创熟为抓手，倡导与邻为善，以邻为伴的理念，致力于建设邻里情深，居民自治、协商共治的现代熟人社区。通过激发社区居民内部的交往动机、鼓励社区领袖和居民的积极参与、搭建互动交往的平台等再造熟人社区。①

（一）搭建社区平台，唤醒邻里空间

社区是居民之间社会交往的基础与中介平台。现代城市社区由于人口成分较为复杂尤其是流动人口居多的社区，人口流动极其频繁，人与人之间的交往呈现出流于形式、短暂、疏离化的特点。② 社区应充分利用实体空间与网络空间，发挥其中介平台的优势，通过开展形式多样、内容丰富的社区活动，增强社区成员之间的互动与沟通交流，打破隔阂，唤醒邻里空间。通过对南海区桂城街道、里水镇两个社区的实地走访发现，社区充分利用社区综合服务中心、社工站等，为居民

---

① 黄海平：《现代封闭性小区中的"新熟人关系"》，《华南理工大学学报》（社会科学版）2017 年第 5 期，第 104～113 页。

② 柴梅、田明华、李松：《城市社区认同现状及重塑路径研究》，《城市发展研究》2017年第 11 期，第 70～75 + 100 页。

提供活动场所，通过经常性地组织活动，如：举办邻里节、组织邻里聚会，开展社区乒乓球、羽毛球等比赛、节庆活动、亲子活动等，增进了邻里感情，促进了邻里互动以及外地人与本地人之间的接触交流，增强了社区成员对社区的认同感。如：通过"街坊节""街坊会"，为社区居民提供了才艺（十字绣、书画、舞蹈、歌唱、粤曲）展示的机会，加强社区居民、乡亲、企业主之间的交流。同时，南海区通过"爱·天使""樵妈·樵宝·樵家乐""祝福邻里家""榕树书屋有故事"等一批优秀项目，开展邻里互助、帮扶活动。小区还通过建立微信群，开展茶话会等实现线上线下沟通，拉近社区管理人员与居民之间的关系，增进社区邻里情感。通过对业主的访谈可明显感知，业主之间的交往较多，互相熟识，经常参与社区活动，业主与社区工作人员之间、业主之间的沟通交流较多，业主对社区有较强的认同感。

（二）依托社区领袖，激发社区活力

社区领袖指的是社区党组织、居委会、群众性组织、社会组织、商业组织中具有突出工作能力且有号召力并愿意长期为社区服务的核心领导人物[1]，如：党员、退休工人、行业精英、热心人等。社区领袖有才能、有热情、有影响力、有时间，更贴近群众，更接地气，因此，更能了解居民的实际需求，组织活动更有针对性，也更有号召力、服务群众也更为方便。社区领袖发挥着创新社区自治模式、推动自治载体多元化、科技化、完善自主化、有序化的沟通和行动路径[2]等作用。社区领袖作用的发挥，有助于让社区活动影响力更加深远，辐射范围更广。访谈中发现，一位退伍军人，在教育行业工作，充分发挥其党员先锋模范

---

[1] 李航、张雅楠：《社区领袖对于社区建设的作用及其培育机制探讨》，《新西部》（理论版）2016年第6期，第12+30页。

[2] 张丹丹：《社区青年民间领袖的培育与发展空间》，《青年学报》2016年第3期，第64~67页。

作用，积极参与到业主维权活动中去。同时，针对邻里之间缺乏交流与了解的问题，组织社区同龄孩子家庭聚会，通过几十个家庭的聚会，增进了相互之间的了解，促进了社区成员之间的互动。

（三）促进多方协作，创新社区治理

熟人社区的创建是一个系统性的工程，要大力发挥社区社会组织、民间组织、社会工作者、志愿工作者以及业主委员会的作用，广泛动员社区居民参与社区管理与服务，提高社区居民对本社区公共事务的关心程度。构建政府主导、社会参与、公平竞争的社区公共服务体制。鼓励社区居民、物业服务企业、社工机构、社会组织以及志愿服务团队等社会主体参与社区管理和服务，推进资源整合共享、社会协同共治的服务平台。

社会组织具有公益性、自治性、志愿性、灵活性等特点，其在组织社区居民参与社区治理过程中发挥着较为重要的作用。南海区大力发展和培育社会组织。桂城青苹果之家，坚持"政府主导、社会参与、课外为主、公益运行"的原则，建立基地、家庭、学校和社区"四位一体"的儿童青少年支持网。南海区采取政府购买服务的方式，通过启创社会工作服务中心，以桂城青苹果之家为服务基地，打造基地、家庭、学校和社区"四位一体"的青少年健康人格教育的枢纽平台。启创社会工作服务中心通过"青苹果进社区"系列活动，提升桂城青少年参与社区治理的意识。通过亲子携手走棋盘、绘画剪纸、设计文明标语等调动青少年及其家庭参与社区活动的积极性。通过义工培育计划招募6~12岁青少年的家庭加入青苹果之家，成立青少年义工成长小组，学习实用的义工服务技巧，并化身为特工，采用视频记录的方式进入社区收集居民对社区文体、社区正能量、时事热点等的看法。

南海区还通过街坊会，引导居民"自我服务"和"互助服务"。街坊会是由政府主导、居委会负责、社会协同、公众参与的群众组织,构建了供社区居民休闲、娱乐、学习、互助的综合服务平台,以邻里互助为核心理念,架起了业主与物业之间的桥梁。通过文化宣传栏、微信公众号、微信群等社区宣传载体,定期开展帮扶、培训、文体等各种活动,以文化活动为载体,促进居民之间的相熟共融,鼓励更多的街坊邻里参与到社区治理中去。探索楼长制开展居民自治管理。通过组织楼长开展小区巡查,收集小区问题和民意,以议事会形式,让楼长、社区、物管三方参与共商共治。成立歌咏队、舞蹈队、乒乓球队和剪纸小组等社区社会组织。成立读书会,促进新市民之间的交流和融合。

三 对策建议

南海区通过创熟,借助社区平台,发挥社区领袖的优势,鼓励社会组织、志愿者、社区居民共同参与到社区治理之中,打破邻里之间的隔阂,激发社区居民参与社区活动与社区治理的热情,促进了流动人口与本地居民之间的互动,有助于构建和谐的邻里关系,促进新市民的社会融入。但是,熟人社区创建的过程中,还存在社区不同层次居民的参与性差异、社区参与的形式与内容较为单一、社区活动宣传不到位等问题,需要进一步关注并采取相应措施。

(一)关注提升低层次社区流动人口社区参与积极性

高层次社区的流动人口,经济社会地位相对较高,在居住条件、居留意愿、社会融入等方面均高于低层次社区的流动人口。同时,这些社区的管理相对完善,因此,高层次社区的流动人口对社区的认同感与归属感也较高。低层次社区尤其是以流动人口为主的社区,他们多租房居住、长期居留意愿较低、为生计奔波、社区归属感不强,对社区公共事务的关注度较低,参与各类社区活动的积极性不高。因此,在社区管理方面,我们应重视以流动人口为主的较低层次的社区,尽量将相关资源向这些社区倾斜,针对流动人口的特点与实际需求,创新社区治理,拓宽他们社区参与的范围，通过赋权增能提高流动人口参与社区活动的主体性和能动性，进而增强其社区认同感与归属感。[1]

（二）根据社区居民需求创新社区活动形式和内容

社区参与是促进流动人口融入城市的重要方式。目前，流动人口社区参与的形式较为单一，内容比较单调。社区活动以娱乐为主，主要提供社区服务，偏重于居民之间的联谊交流，缺乏自主创新的活动形式和活动内容，居民参与社区活动的积极性、主动性和热情不足。因此，在社区活动的组织中，要提前通过问卷、微信等多种途径了解社区居民更关注、参与意愿更强、参与积极性更高的活动，根据他们的参与意愿和实际需求，策划相应的社区活动，真正让社区居民参与到社区活动的策划、组织、实施等过程中。如针对家中有幼儿的家庭，开展以家庭为核心的亲子活动、亲子体验、手工制作、亲子游戏、亲子阅读等活动。同时，还需要注重社区活动的后续链接问题，真正让社区活动成为邻里之间互动、交流、交往的中介，促进不同互动交往团体的构建，如宝妈群、二手物品交易群等，促进邻里之间由陌生到熟悉。

（三）利用线上线下、传统媒体新媒体等多种形式加强宣传

宣传有助于社区居民对社区管理与社区各类活动信息的了解，有助于相关工作更好地开展。目前，社区宣传方面还存在一定的不足，存在活动组织多、社区居民了解少的问题。因此，应加大社区各类活动的宣传，采用宣传栏、宣传册与网络、微信相结合的线上、线下形式，加大对各类政策、活动的宣传，大力营造"榕树头生活"及良好的关怀、关爱、融入的氛围，增强社区居民参与社区自治与管理的积极性。

---

[1] 唐有财、侯秋宇：《身份、场域和认同：流动人口的社区参与及其影响机制研究》，《华东理工大学学报》（社会科学版）2017 年第 3 期，第 1~10 页。

专题六 南海区流动人口社会融入的心理差异调研报告

——基于不同年代视角的比较分析

广东省佛山市南海区地处广东省中部，全区面积 1073.82 平方公里，辖 7 镇（街道），277 个村（居）委，常住人口 322.15 万人，其中有流动人口 194.48 万人，跨省流入人口占 65.41%。流动人口中劳动人口占 84.01%、少儿人口和老年人口分别占 7.20% 和 8.79%，人口性别比为 69∶50，流动人口就业范围主要在工业和服务业，其中从事第二产业的占 44.98%，从事第三产业的占 54.47%。本报告主要以广东省佛山市南海区公共服务均等化调研情况为例，通过对不同年代非户籍流动人口的调查、访谈、问卷等情况的汇总、整理，探讨不同年代的流动人口对当地社会的心理期望与实际情况之间存在的差异及其主要因素，并提出建议。

一 具体做法

南海区重视流动人口卫生计生均等化工作，自 2014 年被确定为省级流动人口均等化试点单位以来，出台了一系列流动人口服务管理政策。2017 年紧扣"共荣共享 健康南海"工作主题，以流动人口健康促进为切入点，发挥信息化、大数据优势，创建"一镇一品牌"特色服务项目，提高了流动人口基本公共卫生计生服务均等化水平，促进了流动人口社会融合。

一是利用全员人口数据库的优势，率先探索开展全员人口数据库、居民电子健康档案数据库和妇幼保健数据库的互联互通和三库融合工作，推进基层卫生计生队伍的角色转型。

二是以"互联网 + 政务"为手段，将流动人口计生服务管理融入政府网格化管治，实现流动人口计生移动智能巡查。

三是制定了《南海区国家基本公共卫生服务项目宣传教育活动方

案》，通过"健康南海"官方微信、"南海卫生计生"官方微博及网站
等自媒体和传统媒体推进均等化服务宣传工作。

四是通过巡查、走访、宣传、教育等多种形式重点抓好流动人口公
共卫生计生基础性服务，提高流动人口建立电子健康档案比例，建立档
案 152 万份，建档率为 78.51%。全年派发健康教育宣传海报 3.3 万份、
健康宣传折页 58.3 万份，开展大型教育活动 14 场。为 136.28 万人次
0～6 岁儿童接种疫苗，接种率达 99.16%。免费发放叶酸 3.16 万人份、
避孕药具 66.11 万件。为 65 岁以上常住居民和流动人口 10.91 万人进
行体检和健康指导。

五是从 2017 年 1 月起，中共佛山市南海区委员会相继印发了
《〈南海区"党建·引领"行动计划〉的通知》（南发〔2017〕1 号）
和《〈党建引领非户籍常住人口融入工作方案〉的通知》（南发
〔2017〕8 号）等文件，对试点单位试行非户籍常住人口参选"两委"
委员政策。截至目前，南海区 161 个试点村（社区）共选出 162 名非
户籍委员进入村（居）"两委"领导班子，这一政策得到了流动人口的
大力支持，取得了良好的效果。

二 访谈总结——不同年代的比较分析

从 20 世纪 70 年代末到 21 世纪，随着经济、社会、政治、文化等
的发展，人口流动的趋势日益明显，而人们的心理状态也随之转变。对
于不同年代的流动人口来说，他们融入当地社会的心理预期也逐渐发生
了根本性变化。对不同年代流动人口融入的心理差异研究可以促进流动
人口管理服务更具有针对性，在工作上可以实施更精准的社会融合服
务，也能更加深入了解流动人口心中所想，便于开展工作；同时可以了
解不同年龄段流动人口的需求，针对不同年龄段人群提供精准服务，缓
解管理人员压力，提高流动人口管理服务效率。

通过对南海区里水镇中恒海晖花园社区、叠北社区不同年代流动人

口的访谈以及青苹果之家对流动儿童、青年的服务方式的了解来分析流动人口的心理差异的情况。主要有以下几点。

（一）20世纪50～60年代出生的流动人口都已经退休或开始养老，多数在当地是为了照顾孙辈，人际关系较为单一，孤独感强烈，期望回家乡养老。

（二）20世纪70年代出生的流动人口临近退休或工作稳定，无大起大落，子女多数在上大学或已参加工作，对良好的生活环境需求较大，多数在本地生活一二十年以上，期望融入当地社会。

（三）20世纪80年代出生的流动人口在当地有固定工作或者经商，一部分人因为嫁到当地，对教育资源和政策环境需求较大，对融入当地社会的心理会因政策环境的变化而改变，持观望态度。

（四）20世纪90年代出生的流动人口多为职场新人，部分人员因为父母或亲朋在当地工作，故而也流动到当地参加工作，对当地工作、生活环境、未来发展情况和教育资源需求较大，归属感不强，对融入当地持观望态度。

三 主要问题

（一）村（居）活动参与度不够

政府、社会等相关部门为促进社会融合会定期举办一些活动，但由于思想观念还停留在活动是"当地人的活动"，流动人口参与到活动当中的比例不高，一定程度上也阻碍了社会融合的进程。

（二）教育资源无法满足需求

大部分中青年来到当地后，子女随迁或在当地生子，随着子女的成长，子女接受教育的问题逐渐显露出来。佛山市南海区作为外来人口大量聚集的地区之一，近几年来流动人口数量迅速增多，而当地教育资源的增速远远无法满足需求，这就导致了因教育资源不足而引发的一系列问题。

（三）老年流动人口孤独感强烈

大多数老年流动人口流入当地是因为自己的子女上班而无法照顾孙辈，而这也促使很多老年人不得不放弃老家的悠闲生活，跟着子女来到他们工作的城市来照顾孙辈，但由于环境陌生、生活单调无趣、没有熟人而产生了十分强烈的孤独感，这一问题也是流动人口管理服务上所要面对的难点。

（四）中青年流动人口对政策环境的需求还无法满足

中青年是流动人口的主力，处于事业的初期或上升期，所以他们对于工作、政策环境等都存在极大的需求。此外，个人职业的发展、未来的规划也同样与当地的政策环境有很大关联，但增长过快的流动人口使政策无法同步衔接，虽然有诸如非户籍参选"两委"委员的政策、公共卫生服务均等化等政策，但就庞大的流动人口群体来说，流动人口政治权利依然无法全部实现。

四　对策建议

（一）鼓励流动人口参与到村（居）的治理当中，加快不同年龄阶段融入当地社会

促进流动人口社会融合需要让更多不同年龄段的流动人口参与到村（居）的活动或者是管理当中，转变服务方式，鼓励他们参与到各类活动中去，更可以让他们参与到管理当中，由被动地接受管理转变为他们参与到管理当中进行主动服务，提高心理认同感。

（二）满足流动人口对子女教育、托管及工作环境的需求，促进心理融合

流动人口庞大数量带来的教育资源短缺问题日益凸显，但如何配置和增加也不是短时间可以解决的问题，在流动人口子女教育方面的问题也是促进他们融入当地的一个重要因素，教育资源的分配是当前流动人口管理服务中的一个难点。只有促进教育资源的均等化，满足流动人口

子女教育需求，社会融合的推进才能更加快速。

（三）举办同乡和当地老人的互动活动，减轻老年流动人口的孤独感

老年流动人口的强烈孤独感来源于陌生环境和没有"熟人"，他们有更多的闲暇时间，但是单一的社会关系也让他们在陌生的环境中倍感孤独。在社会融合服务中，不仅需要做好流动人口的管理服务工作，也应该因"龄"制宜，根据不同年龄段、不同需求的人群举办活动。对于外地和本地老年人来说，闲暇时间多、周围环境固定、希望排解孤独感是他们相同的地方。如举办当地老年人和外地人的交流会，促进不同地区文化的交流、沟通，在不断的交流沟通中消除距离感、陌生感，满足孤独感所带来的"缺失"，这是使他们更快融入当地的一种有效手段。

（四）针对不同年龄段提供不同社会服务，提高政策干预的有效性

不同年龄阶段的流动人口会有不同的心理诉求，在管理服务中要有所区分，根据不同年龄阶段的流动人口人群提供不一样的服务。如为青年人提供就业指导、技能培训、同龄交流会、租房咨询服务等；为中青年中有子女的家庭提供子女入学指导和当地教育政策解读服务；为老年人提供同乡和当地人的交流互动平台。

小　结

通过对湖北省宜昌市猇亭区和广东省佛山市南海区社会融合专题调研发现：流动人口总体社会融合状况比较好，主要表现在住有所居、劳有所得、病有所医等方面，但也发现，具有农业户口的职工对转为城市户口意愿不强或基本没有意愿，而希望购房后实现子女户口的农转非。同时，购房和子女教育是流动人口普遍面临的共同压力。我国基本公共卫生健康服务成果显著，但在基本公共卫生健康服务均等化实现过程中仍存在一些问题，主要表现在政府的制度保障、医疗机构资金人员配套和居民健康素养等方面，基本公共卫生健康服务均等化的实现仍需要政

府各部门、个人和机构之间的相互协作与努力。非户籍人口参选"两委"试点提升了流动人口服务管理工作效果，推进了流动人口社会融合，提高了社区治理现代化水平，但这一试点仍存在一定问题，例如非户籍委员候选人相对于庞大的流动人口群体选择范围还较小、"两委"委员能否发挥作用及作用效果如何还需要时间去检验、非户籍"两委"委员的权力行使问题等，因此，仍需在试点的基层上继续完善。

第二节　留守人员生存发展

人口流动对农村发展是把"双刃剑"，特别是在主要的人口流出地，一方面大量劳动力外流造成了农村的空心化，制约了当地经济的发展；另一方面劳动力外流也给农村带来了资金和技术，改变了当地人的思想观念，为农村发展注入了活力。围绕人口外流后农村的发展状况以及农村"三留守"问题，我们在吉林省农安县八家子村组织了专题调研，形成了专题调研报告。

专题一　八家子村调研报告

一　村两委基本情况

2013 年村级党总支换届选举，经村民全票通过，曹学正担任农安县合隆镇八家子村党支部书记至今，已经连续担任近两届支部书记，根据上级要求，支部书记兼任村主任。故此，曹学正同志是村支部书记、主任一肩挑。根据工作安排，八家子村"村两委"班子成员构成中党支部书记 1 人（曹学正）、支部委员 2 人（曹秀林、刘蕊）；村民委员会主任 1 名（曹学正兼任），报账员 1 名（刘文杰），妇女委员 1 名（杨晓磊）；村民监督委员会主任 1 名（曹秀林），委员 2 名（齐振利、王喜成）。在八家子村"村两委"班子拿工资的主要有书记、主任曹学正，治保主任曹秀林，报账员（会计）刘文杰，妇女主任杨晓磊，见表4-4。

表4-4　八家子村"村两委"班子成员基本情况

姓名	性别	年龄	信仰	职务	学历	工资收入/年	家有田地
曹学正	男	37	中共党员	书记、主任	中专	1.2 万元	4 亩
曹秀林	男	65	中共党员	治保主任	高中	1.9 万元	6 亩
刘文杰	男	62	天主教	报账员	高中	1.08 万元	8 亩
杨晓磊	女	46	天主教	妇女主任	高中	0.96 万元	4 亩

资料来源：根据访谈资料整理。

二　村教育基本情况

八家子村现有幼儿园1所，小学1所，其中幼儿园是天主教会办的，小学是公办的。目前，八家子村小学6个年级一共100多名学生，生源主要来自本村，还有附近的放牛村、韦家村，其中，小学1年级2名学生，2年级10多名学生，3年级20多名学生，4年级20多名学生，5年级20多名学生，6年级20多名学生，见表4-5。八家子村小学教师中校长1名，后勤1名，专业老师11名，都是大学毕业分配，年龄在30~40岁，工资收入每月在3000~4000元，有五险一金。教师中，家住本村教师1名，还有家居住在合隆镇、长春市内的，家居住在合隆镇上居多。据介绍，八家子村小学的学生算多的，有的村小学都没有了，就这样，本村低年级的学生开始上小学就到合隆镇博雅私立小学、合隆镇中心小学上学去了。

表4-5　八家子村小学学生情况

年级	1 年级	2 年级	3 年级	4 年级	5 年级	6 年级
学生数	2 名	10 多名	20 多名	20 多名	20 多名	20 多名

三 村集体资产及土地流转情况

八家子村没有村办企业，能够给集体带来经济效益的主要是两块土地的租金（一块是育林地，45 亩；一块是预留地，150 亩），这两块土地主要租给那些善于管理的土地承包户，每年这两块地大约有 5 万 ~ 6 万元的收入。村里有一些债务，主要是修建新村社，由镇里担保。这部分债务等老村社变卖就可以还上，而且，还有富余。5 万 ~ 6 万元的村集体资产主要用于整修村路、安装路灯以及村集体顾工支出。

八家子村土地流转方式采取甲乙双方认可，签订租赁协议，村委会备案的方式。八家子村土地流转特征主要有以下几个方面（以下数据分析来自八家子村委会提供的有据可查的 75 份土地流转合同）。

从八家子村土地流转合同的结构看，基本由土地出租方、土地租赁方、土地面积、土地地理位置、土地租赁期限、土地单价及总价、付款方式、租赁双方权利与义务、双方签字及担保人、签订时间等要素构成。从合同文字范本看，合同除基本要素外，文字书写、表述、纸张材料等并不十分规范，但均需签字画押，而且，将近 1/3 的合同有第三方担保，同时，合同均在村委会备案。据我们调查了解，在签订的 75 份土地流转租赁协议中，极少有因合同而发生纠纷的事件。这也说明，在农村的熟人社会中，双方的礼俗性程序具有较高的"法律效力"。

从八家子村土地流转出租方、租赁方姓氏看，出租方中丁姓最多，有 12 户；其次是白姓，有 9 户，而后是王姓 8 户，贾姓 5 户，其余姓氏较为分散。从租赁方姓氏看，王姓 8 户，张姓 6 户，韩姓 5 户，丁姓 4 户，贾姓 3 户。从这些出租方、租赁方姓氏可以看出，八家子村土地流转无论是出租方，还是租赁方姓氏较为集中。而且，通过协议文本可以看出，租赁大户也是王姓，其中该村村民王闯算是租赁土地大户，共计租赁土地 60 亩，其次是韩天山，共计租赁土地 47 亩，再次是韩连义，共计租赁土地 35 亩。此外，据我们调查了解，土地流转出租方、租赁方基本具有一定亲属关系。也就是说，对于出租方来说，不同姓氏外出打工互相带动，进而促使土地流转出租；而对于租赁方，租赁土地有利可图，成为土地承包大户。其他散户的姓氏也可以证明这一点，他们大都转租给亲缘或血缘关系的租赁方。

从八家子村土地流转时间看（见表 4－6），最早一份土地流转租赁协议签于 2006 年 1 月 3 日，随后每年土地流转租赁协议签订份数呈现逐年增长态势，其中 2015 年、2016 年呈现显著增长态势，尤其是 2016 年八家子村土地流转签订租赁合同达到 22 份（见表 4－6）。这也可以看出，一方面，土地流转租赁市场较为活跃、成熟；另一方面，部分农民对土地的依赖性减弱，通过外出打工获得工资性收益可能是其主要来源，同时，土地流转租赁也可以获得一定土地收益。

表 4－6　八家子村 2006～2016 年土地流转签订租赁合同情况

单位：份

年份	2006	2007	2008	2009	2010	2011	2012	2013	2014	2015	2016
签订合同份数	1	1	3	5	5	4	5	5	8	16	22

从八家子村土地流转租赁面积看，2006 年至 2016 年 11 年间，八家子村土地流转面积达到 525.35 亩，占全村耕地面积的 8% 左右。在协议文本中，拥有土地面积最多的达到 16 亩，其中，10～16 亩的有 16 户，5～9 亩的有 44 户，4 亩及以下的有 15 户。从这些数据可以看出，八家子村土地流转租赁市场还不是很活跃，通过表 4－6 也可以看出，土地流转仅是 2015 年后开始较为活跃。某种程度看，可以预料随着地方总体经济的发展，在未来，土地流转的趋势应更加显著，土地流转的面积应有所增长。

从八家子村土地流转周期看，租赁合同签订有效期限为土地承包变更为止，签订 15～20 年的有 13 份（最远年限到 2027 年），10～15 年的有 14 份，5～9 年的有 15 份，1～4 年的有 32 份（见表 4－7）。根据签订合同周期文本来看，早期签订合同周期时间较长，而后近期签订合同周期时间较短，一般在 1 年左右居多。这也可以看出，由于受土地流转价格波动影响，当年市场行情在某种程度上决定土地流转租赁价格。早期签订合同的甲乙双方可能由于当时土地流转租赁价格较低，也因此，而产生纠纷。

表 4－7　八家子村土地流转周期情况

单位：份

周期	15～20 年	10～15 年	5～9 年	1～4 年
协议份数	13	14	15	32

从八家子村土地流转合同的名称看，八家子村自有土地流转以来，合同名称有 14 种之多，有的称为《买地协议》、有的称为《卖地合同》、有的称为《土地出租协议书》、有的称为《土地转包协议》等，称法最多的是《土地租赁协议书》。最早的一份协议称为《土地转让协议》，不过随着农村土地流转市场的逐步成型，协议或合同的名称也在逐步规范，最终演变成较为准确的《土地租赁协议书》。因为农村的土地是归集体所有，农户之间应没有买卖之分，而只应有租赁之分。

从八家子村土地流转租金每亩单价情况看，2006 年第一笔土地流转租金仅为每亩 200 元，而后租金逐年上涨，2015 年土地每亩租金在 700 元左右，而 2016 年土地每亩租金达到了 800 元。11 年间，土地流转租金每亩翻了四番。从 2006 年至 2016 年 11 年间，八家子村因土地流转形成的租金流量达到近 155 万元。在土地流转租金付款方式上，100% 的一次付清。从土地单价以及租金流量、付款方式来看，八家子村的村民生活水平较高，村内形成达到百万的租赁资金流，且也表现出租赁双方信誉较好，付款 100% 一次付清。

从八家子村土地流转租赁双方权利义务情况看，大多数条款规定了租赁双方的权利义务。例如，有的土地租赁协议表明，出租方在土地租赁期间内享有国家给农户的直补款，如果有其他的补贴，由土地租赁方享有；又如，有的土地租赁协议表明，国家需要上缴的税款等，由土地出租方缴纳。再如，土地出租方要求租赁方不得改变土地使用性质、保障土地面积，甚至具体到不得栽树等要求。同时，大多数协议条款标注了合同以外事宜双方再协商解决。

从八家子村土地流转租赁协议担保人及签订时间看，1/3 左右的协议具有担保人，且有部分担保人的姓氏与土地出租方姓氏一致。这在一定程度上说明，担保人与土地出租方具有一定亲缘或血缘关系，同时，担保人又与租赁方相熟。由此，作为担保人具有较高的权威性和可靠性。从土地流转租赁协议签订时间看，大多签订的时间是在年终或年初，此期间在当地为冬季，农闲季节，所谓猫冬。对于土地出租方、土地租赁方，在此期间，都要为来年春耕做准备，故此，提早进行土地租赁活动。

四 农村劳动力就业情况

（一）被访谈对象的质性分析

根据调研访谈，八家子村适龄劳动力人口就业较大规模的有三支队伍，一是在本市范围内乡－城流动务工的绿化养护队；二是在本市范围内乡－城流动务工的建筑队；三是跨省范围内乡－城流动务工的新疆卖肉队。绿化养护队是由村里几伙承接长春市内绿化养护工程的带头人，将村里40～50岁，甚至更大年龄的人员，召集起来进城从事绿化养护工作。据访谈对象估计，从事绿化养护工作的人有近百名，女性工作报酬为60元/天男性为70元/天车接车送。几伙绿化养护队除了吸纳本村的剩余劳动力以外，还吸纳了周边邻村的农村剩余劳动力。建筑队在村里也有几伙，承接长春市及村内外的建筑、装修、水暖等工程，这伙人有50～60人规模，收入每天200～300元不等。新疆队是村里最早外出跨省的农村流动人口就业群体，已有 20 多年时间，主要在新疆购买市场摊床来卖肉。这个群体依靠亲属带动，大概有 100 人的规模。据访谈对象介绍，早期去新疆的村里人都已经在新疆买了房子，安了家，村里的房子有的闲置，有的租给别人。后期去的人，过年的时候还会回来。

（二）就业历程的个案分析

个案 1：

基本情况：江地，男，30 岁，已婚，大专学历，宗教信仰为天主教。家里 5 口人。有两个孩子（两个女孩，没有再要小孩的意愿），一个孩子 3 岁，另一个孩子不到 18 个月。父亲去世 3 年，母亲今年 54 岁，身体尚好，帮着带孩子。妻子是长春兰家镇人，大专学历，通过本村熟人介绍结婚，目前主要在家带孩子。

从业情况：其本人大专毕业后，本来想出去打工，但是，当时家人没有允许其出去打工，回家跟父亲学加工石材。父亲在村里做石材有 10 多年了，一开始只是做一些私墓，后来渠道打开，开始销往墓地。父亲去世后，开始自己在村里从事石材加工生意，在本村雇用了 2 个工人（每名工人每月工资在 5000 ~ 6000 元），一年去除成本后收入能在 10 万多元。目前进货渠道主要从河北拉运石料，制成品主要销往本地公墓。加工都是使用机器，不过受东北气候影响，冬天干不了，一般每年能接 800 单左右。

生活情况：家里有一套 3 间房，没有在镇上买房的打算。目前生活主要压力来自孩子的生活成本，小孩还小，2017 年购买尿不湿就花费好几千元。一年收入中用于家庭生活支出在 7 万 ~ 8 万元，略有剩余。人情来往压力稍微有点大，是因为在村里做这个生意，人情世故多一些。目前村里红白喜事，只有喜事收点钱，白事都不收钱了，其中，结婚会大办一下，生小孩等主要是直系亲属，不大办。结婚随礼给自己家里姐姐、哥哥等有上千的，一般直系亲属在 200~500 元，普通的在 100 元，没有低于 100 元的。平时由于需要做工，很少有时间带老婆孩子出去玩，停工的时候会带她们出去玩，主要去长春玩。现在公共交通也很方便，不想坐公共交通，自己家里也有车（价值 14 万），比较方便。原来家里欠账一大把，没多久都还清了，每年家里还有一点存款。在存款方式上，母亲还是采取银行存款，本人存款主要是支付宝、余额宝、零钱通，零钱通利息能达到 4.0 多，转账也方便。现在村里家家户户基本都安装了网络，上网都很方便。本人是天主教徒，认为在为人处事时应心平气和一些。一些宗教仪式严格履行，有时还自愿捐赠一些钱财。

村里建设情况：对村里建设比较关心，希望村里变得越来越好，尤其是垃圾，希望能有人清运，现在都放在村头一个空地上，自己家里的垃圾多了，也往村头送。对村"两委"班子也比较满意，去年、前年村里修路、安装路灯、自来水都挺好的。做饭是液化气。

个案 2：

基本情况：薛军，男，39 岁，已婚（23 岁），初中学历，家里三口人。夫妻和一个孩子（女孩），孩子今年 13 岁，目前还没有要二孩的想法。父母身体都挺好，住在镇上，自己还有一个弟弟也成家了，也住在镇上。妻子跟其本人同岁，老家是公主岭的，通过熟人介绍结婚的。

从业情况：其本人目前在村里开了一个烧烤店，有一个门市房。原来是瓦匠工，跟村上的人学的徒，大概学 2 年就成熟了。一开始在村里干，又在外面干了 5~6 年，在长春市里干的时间长（活好的那几天一天 260 元左右），主要是干一些砌砖、抹灰的工作。那几年（大概在 2008 年），活比较好，在村上，瓦匠活收入也算高的。后来，活越来越少，也合计干绿化。后来父亲年龄大了，在烧烤店不愿意干了，本人就接着干烧烤了，都已经干了 4~5 年了，其父亲干的时间比较长。目前，生意还可以，更新了一些设备，增加了一些项目（烧烤品种），最高的时候去掉成本一天能有 400～500 元的利润，最低的时候一天能有 200 元左右的利润。目前，烧烤店 5～6 个人，包括其本人、妻子，忙的时候父亲过来，不忙的时候不过来，另外雇工 3 个人，雇工月薪 2000 元。上货方面成本变化浮动不大，不过在冬天成本会提高一些。

创业情况：镇上对外出打工回乡再创业的人也有一些鼓励和支持，镇上经常会召集开会，一般镇长跟这些人讲一些创业形势。镇长对这个村比较关注，在整个合隆镇中这个村是经济条件比较好的。镇长知道他们是搞烧烤的，别人可能有一些建议，不是让他们再创业，是想让他们搞一些乡村旅游。打算把村上空置的房子利用一下，因为城里的人来农村溜达，吃没问题，得有一个住宿的地方。自己家、借用、租用房屋，收拾一下，提供住宿应该可以，但是，这方面得投入 10 万～20 万元。如果搞的话，客源可能不是太大问题，现在网络方便，微信朋友圈，都互相推荐，外来的会比较多，镇上的，周边，长春市的也会来。所以，镇上开了几次会，最近也想搞这方面，想咨询镇上有没有这方面的支持。

生活情况：目前生活主要压力来自孩子的生活成本，在村里小学上学花不了什么钱，但是，由于平时工作比较忙，也没时间照顾，后来合计送到镇上私立学校能够好好学习，私立学校管的比较严。奶奶在镇上，孩子住在奶奶家，上学也方便。孩子在镇上上私立小学一个学期学费在 4000～5000 元。孩子在私立学校学习还行，初中也打算上私立学校，主要考虑能够接受更好的教育。孩子住在奶奶家，经过电话沟通，说教，一两个星期回家一次，孩子变化挺大，与人交流不拘谨，比较开朗。家里有一台小轿车（4 万多元），2012 年买的，经常用来上货用。家里也安装了网络，电视看得比较少了。父母身体健康，哥俩关系比较好，到父母年老了，也不会考虑送养老院，由哥俩养。村上在长春买房的也有，不过还是在镇上买的多，占村里 30%～50%。家里的房子也够用，买也是在那放置或者出租。在村里娶媳妇没有主动要求买楼、买车，都是自愿的，彩礼钱不高，一般在 10 万元左右，有钱的女方有的陪送车，陪送楼，村上娶媳妇还比较好娶。

个案 3：

基本情况：白雪，女，34 岁，初中毕业，已婚（30 岁），娘家婆家都是本村的，娘家姐两个，妹妹也结婚了，婆婆家哥一个，没有小孩。老公是通过亲戚介绍的，两人也是同学。母亲 55 岁，父亲 57 岁，在鞍山那边找了一个庄园做看守，两人一月 3000 多元，也不累。父亲好喝酒，今年 8 月份准备让他们回来，其本人在海南做点小买卖，准备把他们带过去。

从业情况（见表 4-8）：初中毕业后，就工作。第一份工作在八家服装厂工作，当时 17 岁，干了一年。第二份工作是同学介绍，在长春一个小饭店，做服务员，一月 300 元，只干了一个月。第三份工作在长春一个酒店，最开始做服务员，而后干迎宾（服务员到迎宾 2 个月），迎宾到楼层经理时间长点，在长春干了 1~2 年。第四份工作到鞍山投奔在鞍山很多年的老叔。当时 23 岁。做酒店工作，楼层经理，每月 4000 元左右，第五份工作，在长春干水果批发，赚的不多，帮亲戚干了一年半。第六份工作到浙江绍兴柯桥，一个人开的卖包、衣服的店，做销售，底薪加提成 4000~5000 元，干了 2~3 年。2012 年 5 月回老家，结婚。第七份工作，在合隆镇租一个床子，卖服装，一开始上货比较贵，卖得不好，一月 2000~3000 元，干到 2013 年 5 月，把床子转出去了。第八份工作在长春黑水路打工，跟老公一起去长春打工（老公工作是她找的），打工一年多（2014 年），工资每月 3000 多元。第九份工作在家网上卖保健品，卖了一年多。第十份工作又跑到黑水路打工（2015 年），卖包，一个月 4000 元。第十一份工作换到黑水路卖货的楼上卖服装（2016 年）。第十二份工作，2017 年 10 月，决定去海南，本人与丈夫去海南卖香蕉，一开始没有经验，一车上货 2000 元，最后卖了 2300 元，两天卖完。2017 年 11 月，卖了一个月的香蕉，去掉开销，剩了 2000 元钱。摊位换成市场床位，后与人合伙一起拉货，几家合伙，夫妻两人负责出油钱。过年没回家，卖到 3 月，2018 年 4 月回家（这个时候海淀天气热，东北人都回家），赚了 5 万多元，每月净剩 1 万多元。2018 年 8 ~ 9 月再回到海南。

表 4 - 8   工作经历

工作经历	时间（年）	工作地点	职业	行业单位	工作时间	收入（元）	找到工作方式
第一份	2000	本村	做服装	服装厂	1 年多	—	自己找
第二份	2001	长春	服务员	饭店	一个月	300	朋友介绍
第三份	2002 ~ 2003	长春	服务员 - 迎宾 - 楼层经理	酒店	1 ~ 2 年	—	朋友介绍
第四份	2004 ~ 2006	鞍山	楼层经理	酒店	3 年左右	4000	投亲
第五份	2008 ~ 2009	长春	卖水果	销售	一年半	—	—
第六份	2010 ~ 2012	浙江绍兴柯桥	卖服装	销售	一年左右	4000 ~ 5000	自己找
第七份	2013	合隆镇	卖服装	销售	一年左右	2000 ~ 3000	自己找
第八份	2014	长春	卖包	销售	一年多	3000	自己找
第九份	2014 ~ 2015	本村	卖保健品	销售	一年左右	2000	朋友介绍
第十份	2015	长春	卖包	销售	不到一年	4000	自己找
第十一份	2016 ~ 2017	长春	卖服装	销售	一年左右	4000	自己找
第十二份	2017 - 11 ~ 2018 - 4	海南	卖水果	销售	5 个月	5 万左右	自己找

注：—为缺失值

专题二　八家子村"三留守"人员调研报告

青壮年人口大量外出务工而产生的留守现象是随着我国经济社会发展和工业化、城镇化的进程推进而出现的阶段性问题。人口流动,打破了原有的家庭结构平衡,使得老人、妇女、孩子成为农村的主要留守者。留守老人的健康、留守子女的教育、健康与安全及留守妇女面临的子女教育、老人赡养、生产劳动等问题成为以人口流出为主的村庄面临的重要问题。几乎所有的农村人口都在经历着"流动"与"留守"的分离和分割,这也成为农村家庭维系生存与发展的权宜之策。[①]

八家子村是东北地区较为典型的人口流出村庄,通过对该村留守老人、留守妇女、留守儿童的调研,有利于以点带面,了解留守人员的生存发展状况。

一　留守老人

留守老人是农村人口流出的被动接受者,既不能参与这种人口流动,也没有能力来应对这种人口流动。[②] 对于留守老人来讲,子女外出打工,使得他们既要担负起土地耕种的重担,也要承担起孙辈抚育的重任。他们面临生活压力大、生活质量差、慢性疾病及重大健康风险等问题。

（一）经济状况

留守老人的经济来源主要分为三个部分:土地耕种、农闲时打零工收入、子女汇款,其中,前两种为主要收入来源。八家子村以种植玉米

---

① 叶敬忠、潘璐、贺聪志:《双重强制　乡村留守中的性别排斥与不平等》,社会科学文献出版社,2014。

② 解永照、任建华:《"三留守"乡村的社会秩序及其再造》,《山东大学学报》（哲学社会科学版）2017年第2期,第27~34页。

为主，种植农作物的收入是留守老人的一个重要经济来源。部分身体健康的留守老人，会去乡－城流动务工的绿化养护队，每天赚取百元左右的收入。也有留守老人开日杂店、水站等来提高收入。相比而言，这部分留守老人属于高收入群体，不仅不需要子女汇款，反而还会为子女外出经商及孙辈抚育提供经济支持。

从访谈情况来看，由于部分留守老人的子女外出打工收入较低，生活压力较大，给老人的汇款较为有限。也有留守老人的子女生活境况较好，会给父母一定的经济支持。

> 两个儿子非常孝顺，大儿子每年给家里10000元，小儿子每年给5000元。家里近三年不种地了，干不动了，七亩地，每年转让一次，价格不到4000元。——男，65岁

（二）健康问题

健康是留守老人无法回避的现实问题。留守老人的身体健康状况不仅直接影响到其自身的生活质量，而且还存在因病致贫、因病返贫等风险，进而影响到家庭的整体发展水平与能力。留守老人的生活照料多是由自己或者配偶负责。一旦身体健康出现问题，既需要经济支出，还加重了配偶的负担。我们访谈了一对老年夫妻，儿子在湖南打工，收入水平不高，生活负担较重。夫妻二人身体都不好，妻子患有类风湿，常年吃药，严重时行走困难。丈夫有迷幻病，随时都会有昏迷的情况发生，需要有人陪伴。由于患病，两人均无法就近外出务工，只靠7亩地维持生活，生活比较拮据。

二　留守妇女

留守妇女是在人口流动、经济社会发展以及家庭结构变迁背景下产

生的特殊的社会群体。[1] 她们选择留守的原因较多：照顾年幼的孩子、赡养孝敬老人、承担丈夫外出后的农业生产劳动及料理家庭事务等相关事宜[2]，这些都需要留守妇女进行统筹安排。简言之，留守妇女通过对家庭再生产的维系而支撑着劳动力的持续流动。

（一）照顾老人

照顾赡养老人，是家庭内其他成员外出打工时女性选择留守的重要原因之一。问及留守原因，一位43岁的留守妇女说："前些年家中有老人需要照顾，这两年去世了。"

> 我有一个儿子，已经结婚，儿子和儿媳现在都在外面打工，儿子18岁开始外出打工，已经有5、6年的时间。丈夫和儿子现在都在长春打工，丈夫在做电工。之前家中有老人需要照顾，所以没有出去。老人这两年去世了。孩子已经在长春买房，但以后不想和孩子住在一起，仍想留在农村。等孙子/女出生啦，就在家里帮忙带孩子。

一位在村中担任村干部的留守妇女（51岁）讲道，既需要参与村庄管理，也需要照顾双方父母，奶奶88岁，婆婆66岁。

> 留守的难处都有，但是保持好心态很重要，和老人和谐相处，让丈夫放心，减轻其心理压力。

（二）宗教信仰

闲暇时间的文娱活动是衡量人们生活质量的标准之一，适当的休闲

---

[1] 拉毛措、文斌兴：《青海农村"留守妇女"问题研究——以大通县为例》，《青海社会科学》2015年第1期，第192~200页。

[2] 方伟明、孟广宇：《对黑龙江省农村留守妇女状况的调查与思考》，《学术交流》2012年第12期，第147~150页。

娱乐可以缓解留守妇女劳动的疲惫及心理压力，提高她们的生活质量。八家子村留守妇女在闲暇时间会选择去教堂念经。八家子村是一个传统信教村落，有近 200 年历史，信教群众占该村总人口的 95% 以上。八家子村的哥特式教堂宏伟壮观，较为著名。同时，村中还建有伊甸养老院。八家子村被认为是吉林天主教的摇篮和发源地。宗教通过丰富的教徒集体活动，满足了留守妇女休闲娱乐的需求。礼拜日，教徒们一起聚在教堂做礼拜、听讲经、唱圣歌等，宗教节日进行大型的活动。通过宗教活动，留守妇女加强了与本村及邻近村子人群之间的互动交流，有利于留守妇女的心理调节，对其起到很大的精神慰藉作用。同时，宗教教义有利于对村民的行为进行约束，促进留守妇女和其他人之间进行和谐相处。正如一位村干部所言：

> 天主教信仰对农村治安有一定影响，村民相信天主教讲的"奉献"，不想死后下地狱。村民更倾向于捐款给教堂而不是村委会。

三 留守儿童

留守儿童承受了父母外出务工后的重重压力。家庭是个体成长发展的基础，父母在留守儿童成长过程中的长期远离或者缺位，使得留守儿童在生活、教育、心理、行为以及安全等方面均存在一定的问题。[①] 监护人在文化程度、教育方式、身体情况、思想观念、自身责任感等方面存在差异，必然会造成不同监护类型的留守儿童在生活照料、学习情况、内心情感、交往与社会支持等方面存在差异。

---

① 和学新、李楠：《农村留守儿童教育及其政策分析》，《当代教育与文化》2018 年第 1 期，第 100~110 页。

（一）日常生活

留守儿童大多由祖父母进行监护，祖父母不仅要负责整个留守家庭的正常运转，而且还要对留守儿童的生活进行照料。祖父母支持子女工作，自己可以多付出，对孙辈的照料可谓是尽心尽力、无微不至。从访谈中发现，祖父母不但要负责孩子的衣食费用，也要负担孩子部分的教育费用。

> 儿子和儿媳在农安县一小区内经营一家麻辣烫小吃店，孩子的日常衣物都是我来购买。——女，49 岁

祖父母尤其是祖母是负责留守儿童日常生活照料的主力，外祖父母、其他亲属也会为孩子提供衣物等支持。

> 我孙子今年 7 岁，孙子在合隆镇上学，有校车接送，之前在村里上的幼儿园，孙子的学费和补习费主要由我们来交，日常衣服姥姥、我、大小姑都会购买。
>
> ——女，53 岁

前面提到的均患病的那对夫妻中，妻子则提到，儿子在湖南永州工作，收入水平比较低且还要承担房贷，生活压力较大。自己因为难以适应南方的气候，只能将孙女带回东北照顾。

> 我孙女四周岁，在上幼儿园，一个月 430 元，如果学舞蹈和智能课分别收费 170 元、180 元，孩子上学费用主要是我这边出。因为经济比较紧张，所以，就不打算让孩子上智能课啦。

（二）情感维系

父母在儿童早期的智力开发、人格培育和社会化过程中扮演着十分

重要的角色。尤其是 0 ~ 6 岁的学龄前儿童，这一年龄段的孩子在情感上对父母非常依赖。父母长期外出，损害了家庭的凝聚力，在孩子成长中的缺位，降低孩子对父母的依恋，对孩子的心理发展产生不利影响。

亲子之间的日常联系实际上已经变成维系感情最主要的方式和渠道。从访谈中发现，留守儿童与外出父母的情感维系主要是通过微信视频联系，由于时间以及往返的交通成本等因素，留守儿童与父母之间缺少面对面的、亲密的情感交流。从内容上来看，留守儿童和父母之间的情感沟通也较少。

访谈中了解到，留守儿童由于长期与父母分离，与父母之间的感情比较疏离。前面讲到的那位儿子儿媳都在湖南的老人，孙女自小就由她带，与老人的感情好，对父母没有亲切感甚至是比较陌生。常对奶奶说，不想离开奶奶，不愿意到妈妈那边去。但是，在孩子内心中，还是渴望与父母亲近的。

> 儿子和儿媳在湖南永州已经购房，需要还房贷，来回路费比较高，所以很少回来，经常通过微信联系。孙女和她爸妈很少见面，她看到邻居和她差不多大的孩子，坐在人家妈妈腿上，自己也和别的小朋友一块坐上去，喊人家妈妈。我就跟她说，那是人家的妈妈，不能跟着叫妈妈。

访谈中了解到的一个 9 岁的女孩，在合隆镇上小学，父母离异，一直由奶奶照顾。

> 孩子爸爸在北京打工，网上卖货，出去 4 ~ 5 年了。孩子的爸爸只有在春节半月假才回家，平时回来的话会耽误工作，年终奖就没有了。孩子妈妈不想好好过，回来就走，过不下去就不联系了，孩子爸爸在北京重新找了一个。

　　小孩平时不念叨她妈，念叨她爸。孩子成熟早，懂事，想的也多。也知道她妈为啥走，看到电视剧中单亲家庭会哭。

相比而言，有些在省内流动的流动人口，在时间与经济允许的情况下，更注重与孩子的情感沟通与交流。前面讲到的那对在长春开麻辣烫店的夫妻，经常会回来将孩子带到长春去，周末再送回来，虽然很辛苦，但是，这样加深了父母与孩子之间的沟通联系。

　　儿子一个月回来一次，因为是开店的，他们一般晚上11点收拾完后回来，到家都很晚啦，他们接孙子到长春过完周末后再送回来。

（三）教育情况

学龄前留守儿童大多在村办幼儿园接受学前教育，每个月430块钱的学费，如果学习舞蹈课、智能开发课则需要另外交费。而小学教育、初中教育则会到合隆镇上或者农安县城去。21世纪初开始的以"撤点并校"和"布局调整"为基本内容的教育改革，改变了农村"村村有小学"的原有面貌。八家子村仍有小学，但是学生很少。现在小学生一般都选择去合隆镇上念书。村中有通往镇上的客车，小孩上学坐早上6点的客车，下午4点接回来。祖父母的文化水平较低，通常难以辅导孩子的学业。祖父母的教育观念、对孙子女的教育期望，对留守儿童的教育产生很大影响。65岁的村治保主任，非常重视对孙子的教育，孙子15岁，在农安县城读高中，从2004年1岁起就由爷爷奶奶照顾，跟爷爷奶奶的感情很深。爷爷认为，镇上的教育还是不行，将孙子转到农安县城学习。

　　有知识有素质很重要，以前的学校不关注学生在校外的情况，现在希望提高孙子的表达能力，之后能去当兵（爷爷的意愿）。孙子成绩不错，农安第一次测验 70 多名，孙子排 33 名，后期成绩补上了，也不补课。

四 问题及建议

（一）关注留守老人的健康，提高其生活质量

总体来看，留守老人的健康水平不高。从访谈情况来看，随着年岁的增长，老年人的生理机能逐渐减退，再加上经济条件以及农村医疗卫生水平等因素的影响，留守老人备受疾病的困扰。针对老年人面临的健康问题：一是要加大医疗保障水平及力度，提高新农合中慢性病及重大疾病的医疗保险比例。二是完善留守老人专项医疗救助制度，对经济困难的患病老人提供救助，减轻其医疗负担。三是加强对高血压、心脏病、糖尿病等慢性疾病的防治与保健。

（二）构建留守儿童健康关爱体系，促进其身心健康发展

留守儿童多由祖父母照顾，父母在其成长发展关键期的缺位及祖父母由于受教育水平低、身体较差等因素使照顾能力不足，均对留守儿童的身体健康发展产生不利的影响。促进留守儿童身心健康发展，应从以下几个方面入手：一是政府要发挥主导作用，从制度上进行保障，鼓励企业和社会组织积极参与进来并发挥其资金、专业优势，形成各参与主体之间的有效互动，丰富留守儿童的照顾形式，进而改善部分留守儿童疏于照管的问题。[①] 二是有效利用新媒体形式，加强孩子与家长、家长与老师的联系沟通。三是了解留守儿童父母返乡就业创业的意愿，为有意愿返乡的流动人口提供就业创业培训、就业指导、创业扶持等，从源头上解决"留守儿童"问题。

---

① 胡宏伟、郭少云：《照顾状态与留守儿童行为问题——基于中国留守儿童数据调查》，《河北大学学报》（哲学社会科学版）2018 年第 3 期，第 106～114 页。

小　结

改革开放以来，我国流动人口在推动城市经济快速增长的同时，也对农村发展带来了极大影响。中心在吉林省农安县八家子村组织的人口流动与农村发展专题调研发现：作为典型的人口流出村庄，八家子村村"两委"建制保持完整，村集体资产与土地流转运行均无违规现象。八家子村流出人口就业主要集中于本市内（长春市），也包括部分跨省转移人口，从事职业主要有绿化养护、建筑和经商等。八家子村保有幼儿园和公办小学各一所。此外，八家子村的"三留守"问题具有一定代表性，调研后发现：留守老人是农村人口流出的被动接受者，由于子女外出打工，留守老人既要耕种土地，也要抚育孙辈，他们的生活压力大、生活质量差、面临较大的慢性疾病及重大健康风险问题。留守妇女选择留守的原因具有多样性，包括照顾孩子、赡养老人及家庭农业生产等，留守妇女通过对家庭再生产的维系支撑着劳动力的持续流动。留守儿童在生活、教育、心理、行为以及安全等方面均存在一定问题，不容忽视。因此，要关注留守老人的健康，提高其生活质量，构建留守儿童健康关爱体系，促进其身心健康发展。

第三节　农业转移人口就地城镇化

就地、就近城镇化是解决农业转移人口的主要方式之一，特别是在城市近郊的农村地区，就近城镇化是农民实现身份转换，成为城市居民的主要渠道。但是农民在完成了城镇化的身份转型之后，仍然面临生产方式、生活方式、权利权益等转型问题，即存在社会身份由农民转变为市民后的城市社会生活融合问题。宜昌市猇亭区前身为枝江县猇亭镇，1995 年经国务院文件批准设立宜昌市猇亭区。猇亭区从镇到区的这一历史转变为开展农业转移人口就地城镇化问题研究提供了丰富的材料。基于此，我们组织专家学者围绕农业转移人口就地城镇化问题展开专题调研。

专题一　猇亭区农业转移人口就地城镇化经验调研报告

农民就地城镇化涉及内容较多，本报告仅关注土地征收及被征地农民的就业与社会保障、村集体资产的管理、"撤村并居"之后的社区治理等方面。在接下来的报告中，将首先介绍猇亭区在农民就地城镇化过程中的主要做法，然后对其主要经验进行总结，也对调研中遇到的问题进行讨论，最后提出改进和完善现有工作的一些建议。

一　政策与实践

（一）集体产权制度改革的政策部署

1. 猇亭区形成了区级统筹指导、街道组织实施、居村具体执行的村集体产权制度改革组织网络

区位书记负责村集体产权制度改革领导小组，街道层面也组建了改革专班，党政主要负责人担任组长。根据上级文件，猇亭区制定了《猇亭区全面推进居村集体产权制度改革实施方案》《猇亭区居村集体清产合资工作方案》《猇亭区居村集体经济组织成员身份确认指导意见》《猇亭区居村集体经济组织资产股去量化配置指导意见》。

2. 村集体资产采取股份公司或股份经济合作社的方式运作

在居村党支部和居村委员会的统一组织下，吸纳股东代表，经民主选举，在居村一级建立新型集体经济组织——股份有限公司或股份经济合作社。股份有限公司或股份经济合作社负责本居村农村集体资产、资源、资本的经营管理，其法定代表人是董事长，股份有限公司或股份经济合作社的经理可由股东大会选举推荐产生，也可在监事会监督下引进

执行经理。在保证资金安全和规模资金风险的基础上，允许居村有计划地将存量资金逐步转化为经营性资产，进行股权配置，逐步增资扩股，支持股份有限公司或股份经济合作社投资经营性门面、商铺、酒店、厂房、仓库以及开发土地等不动产。通过股份合作、独资、参股等方式参与项目，实现资金收益率最大化。可参与投资城市功能板块建设和公共服务领域工程（如园区建设、大型公共服务设施等）。股份有限公司或股份经济合作社董事会定期向全体股东报告集体资产、资源、资本运营状况，集体产权发生变更，必须经股东大会讨论通过，集体资产、资本运营收益必须依据章程按股分配。

3. 股份的配置问题

股份有限公司或股份经济合作社一般设置集体股和个人股两大类，原则上个人股不低于总股份的 60%。集体股份属于集体经济组织成员共同所有，用于解决集体资产产权制度改革期间的遗留问题、应对股份有限公司或股份经济合作社运行过程中的突发事件、支付原居村的社会事务管理费用，具体的股份配置办法实行一村一策，由集体经济组织成员讨论制定方案。股份配置到户之后，原则上实行一户一证、一证一票、分户不增、并户不减、增人不增股、减人不减股，配置到人的股份可继承、转让、赠予，不退股提现。

4. 村集体经济组织成员资格的认定

对户籍和居住在居村内的所有人员进行全面清理，清理以户籍登记为基础，以政策法规为依据，以村规民约为参考，以民主议定为结果，确定居村内所有人员的身份。将人员分为集体经济组织成员和非成员两大类。对集体经济组织成员可以按照居住年限或劳动贡献等情况分类配股，以缓解新、老成员之间的利益矛盾。集体经济组织成员资格条件：世居本地且户籍在本经济组织的；父母双方或者一方为本集体经济组织成员，本人户籍在本集体经济组织的；因合法的婚姻、收养关系，户籍迁入本集体经济组织的；根据国家移民政策，户籍迁入本集体经济组织的；原户籍在本集体经济组织的现役义务兵、符合国家有关规定的士官、高等院校和中等职业技校学校的在校学生；原户籍在本集体经济组织的正在服刑和其他被依法限制人身自由的人员。国家政策性按照原居民对待，居村政策性农转非人员（"三转"人员）原则上可确认为本集体经济组织成员。

（二）社区居委会的构成与经费来源

1. 社区居委会选举

被征地农民进行撤村并居的安置过程中，猇亭区的大多社区是多村安置的社区，这也带来了被征地农民所在的老村民委员会与其安置社区居委会并存的现象。一方面，由于被征地后老村的集体资产依然存在，为管理村集体资产，原来被征地农民所在的老村委会依然保留；老村委会成员依然经过老村的村民选举产生；在进行村集体资产股份制改革之后，老村村委会成立了股份公司或股份制经济合作社，由经村民选举产生的村书记担任董事长，村委会成员组成股东委员会，村民则成为股份公司或股份制经济合作社的股东，并在老村成立股东大会，对集体资产进行管理。另一方面，在被征地农民所在的安置社区，由于社区居民来自不同的村庄，以选举的方式成立社区居委会的条件仍不成熟。在安置社区建立初期，猇亭区采取的是被征地农村所在的老村村委会向安置社区推荐人选，上级政府依据推荐的人选，组建社区居委会。即整体来看，社区居委会承担了原由老村委会承担的社会服务职能，而老村委会承担了村集体资产的管理职能即经济职能。但是随着社区工作的开展，社区居民逐渐熟悉，2018年的社区两委换届采取了社区居民投票选举的方式进行。

2. 社区居委会经费来源

社区并不具有创收的功能，其经费来源主要由财政拨付。而财政拨付资金的来源中，70%来自老村集体资产的集体股收益，即每年老村的村委会根据村民的身份和数量向政府缴费，缴费标准为村民50元/人，党员 100 元/人，政府会将从老村收到的资金用于社区的开支；除此之外，政府补贴 30% 的资金。以此标准，撤村并居之后的每个安置社区可以获得政府 45 万元/年的财政支持用于支付社区居委会成员的工资和日常开销。

（三）撤村并居后社区治理的主要做法

1. 网格化管理提高社区治理效率

网格化管理是以数字化、信息化为支撑，将街道社区划分若干个网格，以网格为管理单元，以事件为管理内容，已处置单位为责任人，通过统一的信息平台，实现市区各部门资源共享，上下联动、快速处置的社会治理创新模式。2010 年，宜昌市作为首批 35 个全国社会管理创新试点城市之一，在充分借鉴北京、深圳等网格化管理经验的基础上，开创了一体三化（以人为本、服务优先，网格化管理、信息化支撑、全程化服务）的社会管理创新管理体系。宜昌在市综治办下设市区网格管理监管中心，各城区综治办成立"社区网格管理监管分中心"，在街道和社区成立"网格管理中心"。市社区网格管理监管中心对网格员实行统一管理，履行任务指派、综合协调和监督督办的工作职能。各社区网格管理监管分中心与街道网格管理中心具体负责辖区内网格员的综合人事管理，协助市监管中心监督各项任务的落实，社区网格管理站负责网格员的日常管理。社区网格员是由市政府统一购买服务，在社区专职从事信息采集和综合服务等工作的基层社会工作者。网格员主要负责信息采集、综合治理、劳动保障、民政服务、计划生育、城市管理、食品安全七项工作职责和综合服务，每个网格员配备一部智能电话，简称"社区 E 通"，对网格内基础信息的变化情况及发生的社会矛盾、城市管理问题等及时采集并上报。2017 年，全区网格员对 59540 名常住人口进行核查，累计核查 108372 条流动人口信息、123 条出租屋信息、4118 条全民参保信息、308 条空巢老人信息，采集 4785 条法人信息，办理老年优待证 320 张，市民卡 1913 张，为 149 名 80 岁以上老人办理高龄津贴，关爱困难未成年人 66 名。

2. 属地化提供均等化公共服务和社会管理

按照社区的居民来自不同村，以针对社区居民规模较大、居住集中、异质化趋势等特征，应以常住居民登记而非户籍为标准，提供均等化的公共服务和社会管理。且社区常住居民，无论户籍是否在本社区，均有权享受社区各类公共服务项目，包括学校、卫生站、公共服务中心、居家就业、技能培训、青少年中心、老年人居家服务等。

3. 社区服务中心的一站式服务

猇亭区被征地农民安置的社区以平均每户一平方米的面积建立社区服务中心。为加强社区居委会服务职能，社区服务中心提供一站式服务，提升社区为居民服务的效能，打造便民、利民、快捷、高效的社区服务管理模式。一站式服务项目包括民政、社保、计生卫生、党群服务、综合服务等。社区服务中心的工作人员由社区居委会成员、网格员共同组成。

4. 通过社团与群众文化活动联系群众，让居民之间互相熟悉

社区通过一系列的社团和群众文化活动，把村民中有特长和兴趣爱好的村民聚集在一块。社团大多由社区志愿者依靠自己的兴趣组建。活动主要包括文化体育类活动、便民服务类的活动、心理咨询等，通过这些社团活动把居民凝聚在一起，充分发挥居民的主观能动性，让居民更好地了解社区的情况。社团的运营经费一部分来自其参与市、区的各种活动和比赛获得的经费和奖金。另一部分来自区财政的资助。据猇亭区相关负责人介绍，区政府每年给予每个社团平均 1 万元的资金支持。支持资金的发放以社团在前一年的表现为基础，区相关部门每年会对社区中志愿者社团进行评估，并根据志愿者社团的评估得分，给予其一定的财政支持。

（四）推动征地农民身份向产业工人转变

猇亭区六大举措推进被征地农民的就业。随着猇亭区项目建设的迅猛发展，被征地农民数量猛增，就业形势严峻，尤其是其中的"4050"人员受年龄、文化素质和技能的限制，安置就业渠道不多，企业也将其视为包袱，不愿意聘用。猇亭区人社局为解决被征地农民就业难题，积极探索促进被征地农民就业创业的新途径，实现了被征地农民培训有门路、就业有出路、生活有保障。

1. 开展就业意愿调查，建立台账

以村居为单位，开展被征地农民就业意愿和就业培训调查，给每个被征地农户建立《就业服务手册》，及时掌握其培训、就业、社保等基本情况，有针对性开展就业培训和就业帮扶。

2. 对接企业用工需求，推荐岗位

加强同各类用人单位的沟通联系，通过打电话、网络及进企业走访等方式，积极开展企业用工需求调查，为被征地农民进行岗位推介，寻找就业机遇。

3. 强化就业技能培训，提升技能

加强同企业及培训机构的沟通协调，把企业用工需求、农村劳动力的培训意愿和培训学校有效对接，合理选择培训机构，安排培训内容、班次，强化培训管理。

4. 构建创业服务体系，鼓励创业

建立创业政策支持体系，鼓励被征地农民转变就业观念，自主创业。建立创业培训体系，开展创业培训，增强被征地农民创业意识，提高创业能力。健全创业服务体系，健全开业指导、创业培训、金融服务、信息服务、市场拓展服务、企业孵化等一条龙的创业服务体系，推进以创业促就业。

5. 加强就业困难援助，帮扶就业

开展就业援助月活动，调查走访被征地就业困难人员和零就业家庭，进行登记认定。加强同市劳动就业培训中心的联系，全力做好"志能激发、培训关爱"工程的招生工作。成立就业指导中心，有针对性地制定被征地农民就业帮扶措施，实行一对一指导。

6. 充分开发公益性岗位，保底就业

充分挖掘公益性岗位，开发网格员、安保队员、劳动保障协理员、劳动监察协理员、环卫保洁员及交警协理员等多类型公益性岗位，拓宽就业渠道，实现"4050"就业困难人员保底就业。

同时，猇亭区目前有规模以上企业53家，其中产值超过1亿元的1家，超过10亿元的11家，超过亿元的21家，上市公司和上市公司控股公司19家，主板上市的14家，境外上市的3家，新三板上市的2家，其中总部在猇亭区的有1家。是湖北省首家"国家循环化改造示范点园区"、"国家磷化工特色产业基地"、全国首家"精细磷化工产业知名品牌示范区"。这些企业为猇亭区居民提供了大量的工作岗位，这也是猇亭区能够实现就地城镇化的主要基础。

（五）被征地农民的养老保险做法

被征地农民参加基本养老保险，遵循自愿参保、保障水平与经济社会发展水平相适应、个人和集体共同负担与政府扶助相结合的原则。被征地农民可自主选择参加城镇职工基本养老保险或者城乡居民社会养老保险：被征地农民选择参加城镇职工基本养老保险的，按照宜昌市灵活就业人员参加城镇职工基本养老保险的办法，并以参保当年宜昌市灵活就业人员缴纳基本养老保险费的最低基数和比例，根据年龄状况分别按下列规定补缴基本养老保险费：被征地农民参加城镇职工基本养老保险需要补缴的基本养老保险费，由参保人员个人、所在的村集体经济组织和市、区人民政府按规定比例负担。其中，参保人员个人负担的基本养老保险费部分，由其本人缴纳。村集体经济组织负担的基本养老保险费部分，从土地补偿费或村集体经济组织筹集的其他经费中列支。市、区人民政府负担的基本养老保险费部分，按规定从国有土地有偿使用收入或者划拨征地包干费用中列支，不足部分按现行财政体制纳入财政预算。被征地农民按本办法规定参加城镇职工基本养老保险后，按照本市灵活就业人员基本养老保险办法的规定继续缴纳基本养老保险费；与用人单位签订劳动合同的，应当按照本市企业职工基本养老保险的规定继续缴纳基本养老保险费。

二　存在问题

在此次调研中，我们注意到猇亭区相关领域的干部对农民就地城镇化推进过程中有一些观察和思考，下面是他们反映的一些值得注意的问题。

（一）村集体资产股份化与管理的问题

1. 村集体资产管理状况影响社区居民的稳定性

在股份量化后，股东委员会是否可以把这部分资金管理好，让社区居民得到回报，是影响居民稳定的重要因素。从目前的情况看，各老村村委会对其村集体资产的管理水平参差不齐，有些村管理的相对较好，其村民每年都可以通过村集体经济的分红获得一定的收益；有些村缺乏管理村集体资产的经验，没能为村集体成员创造收入。社区居委会干部对如何解决这个问题仍存在疑虑。

2. 村集体股份公司或股份经济合作社投资决策的行政审批程序复杂

村集体资产股改后的股份公司，与市场上经营的公司有所不同。村集体股份公司不仅要把经济发展放在首位，还要把政策放在首位，这使得集体经济公司投资的审批程序比较复杂。股东大会同意的投资，政府不一定同意，这使得村集体资产的投资决策可能并不是最盈利的投资，从而降低了村集体成员的收益水平。

（二）撤村并居之后的社区治理问题

1. 社区的公共设施逐渐满足不了居民的需求

社区居民的服务需求层次越来越多，数量越来越大，质量越来越高。而现实中社区却因为各种原因无法提供有效的社区服务来满足居民的需求，社区建设出现的瓶颈。同时，随着社区居民对社区生活的逐渐适应，社区原有的公共设施越来越不能满足居民的需求，出现了公共设施供不应求的现象。

2. **村委会对村集体资产的管理水平依然较低**

村集体资产的管理人员一般都由村干部直接任职，由于管理人员的受教育程度以及管理水平都比较低，很难实现科学合理的管理，因此，村集体资产的经营管理水平整体偏低。

3. **社区居委会缺乏自我创收的能力**

撤村并居后的社区居委会，并非由原来的村委会转变而来，这使得其并不具备经济功能。社区建设与治理的经费主要来源于老村的支持，即老村每年拿出村集体经济收益的一部分支持社区各项开支，因此社区的建设与治理对老村集体经济的发展状况具有很强的依赖性。然而，老村村委会对村集体资产的经营管理能力不足，老村集体经济的收益并不稳定，现有的依靠老村村委会出资共建社区居委会的方式不可持续。

4. **网格化管理中服务的内容越来越多，网格员的任务越来越重**

网格化管理提升了社区管理的效率，但随着面向居民的服务越来越多，在网格内完成的治理和服务内容逐渐增多，这使得需要网格员完成的任务越来越多，增加了网格员的负担。以七里新村为例，网格员和社区干部承担的功能越来越多，网格员原有的职能为信息采集、综合治理、劳动保障、民政服务、计划生育、城市管理、食品安全七项工作职责和综合服务，但随着社区治理和服务内容的增多，网格员承担的职能由8项逐渐增加至32项，任务越来越重。

5. **社区工作人员缺乏晋升渠道，流动性较大**

社区工作人员肩负着党委、政府各项工作任务落实的重任，承担着社区经济社会发展和社会大局稳定的使命。社区工作人员直接与群众面对面，解决了许多群众生活息息相关的难题。随着社区提供服务的数量越来越多，社区工作人员的加班次数也越来越多，其身份与责任、回报与付出反差较大。然而，社区工作者既非公务员也非事业干部，同时社区工作者的晋升渠道也相对缺乏。这使得社区工作人员由于缺乏后期保障而没有安全感，流动性相对较大。

（三）农民向社区居民的转化问题

在撤村并居之后，大量农民从原有的相对散落的村庄搬进了集中居住的社区，平面、分散的独立院落被整齐的区块和立体的高楼取代。居住空间的变化促进了农村生活条件改善的同时，农民在长期生活实践中所形成的农村的生活习惯仍然阻碍着其融入社区生活。社区的居住空间、公共设施、生活环境和人际关系都使得农民存在不适感；此外，原有的建立在差序格局上的熟人社会改变了，社区居民交往频次少，范围小，生活圈子相对封闭。这使得社区居民之间缺乏足够的信任，参与社区管理的积极性差和意识淡薄，给社区治理带来了困难，阻碍了农民在向社区居民的转变。

（四）老村和新村（社区）职能分割与共建问题

在猇亭区，撤村并居的社区较多，老村与新社区的共建问题依然值得重视。由于承担了村集体资产管理的职责，老村村委会依然是村集体资产的主要经营和管理者，这使得老村村委会掌握着村集体经济收入，承担着经济职能。但撤村并居过程中，即使同一个村的村民也被分散到不同社区居住，老村村委会原有的管理和服务村民的职能不能得到很好的发挥，这使得老村村委会承担的经济职能和社会服务职能被分割为两部分，社区居委会承担起了服务居民的职责。因此，老村村委会和社区居委会之间职能的分割以及如何实现老村与新社区（村）的共建，依然是社区居委会和老村村委会面临的挑战。

三　主要经验

（一）非农产业发展促进农民转变为产业工人，是就地城镇化的基础

猇亭区就地城镇化的发展，离不开其相对发达的产业基础。农民对

土地有较强的依赖性，如果没有工业容纳大量的农民就业，农村的土地就不容易流转，即使流转了，农民也会由于没有产业吸纳而失业。在调研中，我们发现，2004 年之后，随着猇亭区招商引资的展开，对农村的征地逐步开始。与此同时，许多被征地农民经过培训之后即进入招商来的企业工作，而征地之前在外务工的青年也陆续返回自己的家乡就业。猇亭区目前有规模以上企业 53 家，这些企业为猇亭区居民提供了大量的工作岗位，为农民向产业工人的转变提供了基础。

（二）发挥社会组织在社区治理中的作用，促进农民转为社区居民

在撤村并居之后，居住在社区的人员不是传统的农民，也不能被称为城镇居民。社区居委会承担的职能不同于城区居委会，也不同于村委会，但整体上与城镇社区的管理模式相近。农民原有的生活习惯面临严峻挑战，社区的居住空间、公共设施、生活环境和人际关系都使得农民存在不适感，同时缺乏社区认同。而对于社区管理和服务来说，原来由村委会的管理与服务职责需要顺利过渡到新的社区居委领导班子，在这一过渡过程中，社会组织在发展过程中逐步承担起政府改革后的部分职能，通过开展各种活动，弥补政府公共服务中的不足。社会组织形成了连接社会成员和政府的桥梁，承担政府职能转变后所不应承担的职能。社会组织起到了政府和社会成员间矛盾缓冲的作用，一方面，社会组织以桥梁纽带的身份把政府的政策方针传达给社会成员，让其了解国家大政方针，上情下达，起到对话协调作用；另一方面，社会组织代表所属群体的利益，为人们的利益表达提供多种渠道与合法的表达方式。这样，减少了社会矛盾冲突，维护了社会稳定。以猇亭区的七里新村为例，在社区区委会的引导下，社区居民自发的成立了一系列的社团组织，这些社团组织以居民的特长和兴趣爱好为基础，将居民聚集起来。这逐步改变了社区居民交往频次少，范围小，生活圈子相对封闭的状况，让村民能够更快地融入社区生活，真正转变为社区居民。

四　政策建议

（一）提升社区治理能力，更好的服务社区居民

1. 不断提高社区干部队伍的综合素质和管理能力

（1）社区干部队伍建设是就地城镇化过程中社区建设与管理的重要工作。培养好、建设好、管理好一支素质高、群众信赖、管理能力强的社区干部队伍，是推进社区建设的必要条件。实施社区干部"素质提升"工程，把素质较好、群众信任的社区干部安排到适当岗位上。同时，加强社区干部培训，提升其管理水平；由于社区工作的职责和工作重点不同于村委会的管理，要积极通过讲座、集中培训等形式加强对他们的培训，使其熟悉有关工作制度、工作方法、工作程序等，提升其社区管理和社区服务的水平。（2）通过在城镇和街道办事处选拔一些具有丰富社区管理经验的干部担任社区党组织领导、居民委员会主任。通过选派大学生村官、社会公开选聘等形式进一步充实社区工作者队伍，完善人员年龄结构、知识结构。切实提高社区工作者待遇，健全保障机制，增强社区工作者队伍对优秀年轻人才的吸引力，使年纪轻、有潜力、素质高的社区工作者能安心基层，拓展服务领域，提升服务能力。

2. 创新举措，提高社区的创收能力

政府给予社区一定的政策支持，让社区可以通过有效经营获得一定的经济收入，培养社区自身的"造血"功能，让社区逐步不在对政府的财政支持完全依赖。将社区服务中心的管理与社会服务职能与"自我造血"相互配合，即实现社区服务中心与社区其他主体、组织良性互动、优势互补，从而共同服务社区，在这一过程中，社区服务中心既可以获得更广泛的人、财、物力资源，同时又能将社区其他主体和组织有效地纳入社区服务体系中来，提升这些组织的服务水平。

3. 提高社区工作者待遇，打通职业晋升渠道，解决社区工作者的后顾之忧

要进一步提高社区工作者的政治待遇、经济待遇。在干部提拔任用中，降低门槛，放宽年龄和学历限制，让素质高、有能力的社区工作者走上更高舞台，切实打通他们的职业晋升渠道；同时，建立社区工作者的收入增长机制，进一步提高社区工作者的经济收入，从而激发社区工作者服务群众的积极性，也吸引优秀的人才愿意到基层工作，这对于社区的稳定和发展有着重要意义。

（二）深化集体资产管理改革，提高股份合作经济组织管理能力

1. 简化村集体资产投资决策的行政审批程序

当前，村股东大会在做出投资决策后，仍需要各级行政机构审批，才能继续执行决策，审批过程大约 15 天，大大降低了村集体资产的投资效率。因此，简化村集体资产投资决策的行政审批程序，让村集体经济能够迅速地对市场做出反应，将有利于提高村集体资产的管理效率，提高村集体成员的收益。

2. 要建立健全各项规章制度，规范股份公司和股份合作经济组织的行为，完善运行机制

制定和完善各项规章制度，建立起激励约束机制、经营决策机制、保值增值机制等运行机制，调动经营管理者积极性，保证集体资产经营管理者的长期行为，盘活集体资产。

专题二　猇亭区失地农民就地城镇化调研报告

一　失地农民城镇化三转过程顺利

城镇化三转是指身份从农民转化为市民，村委会转化为社区居委会，就业方式从农业到非农业。

在调研过程中，七里新村社区居民身份从原来的农村村民转化为市民，失地农民 100% 都购买了养老保险和社区居民医疗保险，户籍都转化为城镇户籍。原来的村集体经济在土地被征收后，土地赔偿金进入村集体专用账户。2018 年起，全面推进居村集体产权制度改革，集体经济组织资产进行股权量化，成立集体经济合作社。

原来的村委会被解散后，部分村组成建制合并进入新的社区居委会，部分村组被打散并入不同的社区。从村委会转到居委会，主要转变内容有：第一，工作方式转变，主要是指从衙门式、等待式、被动式的工作方式转向积极的、主动服务的工作方式。第二，成立各种社团组织和社团，提供家政、教育培训，兴趣爱好等服务。第三，拓展服务内容，将原来的农村单调的生活拓展到丰富多彩的生活方式。第四，进行社团服务星级评定，发放活动支持资金。

农民的就业方式也从农民转为工厂职工或者零散就业。因为周边企业较多，就业比较容易。

调研实录：

张女士：54 岁，家里有两个女儿，来自长江村二组，2011 年，搬入七里新村社区。张女士说："原来的家里有 200 多平方米，1.5 亩土地。村土地被征用后，家里房子也被拆迁。其中地上的构筑物政府补了 21 万元，青苗费约 5000 元，政府在七里新村还建两套房子，其中一套，135 平方米，另外一套 95 平方米，每平方米 600 元。在外租房过渡期间，政府给了每月住房补贴。政府还为我们买了统筹养老保险和医疗保险，其中统筹养老保险，个人担负 1/3。"

李女士，1968 年出生。"我现在在企业从事财务工作，老公是自由职业者，儿子 27 岁。我来自云池村，2011 年搬入七里新村。

原来的农村家里，200 多平方米，还带前后的院子，另外有 2 到 3 亩山地，主要种柑橘。土地被征用后，家里的房子也被拆迁，地上的房子的构筑物补了 20 多万元。在七里新村也还了两套房子，每平方米 600 元。政府也为我们买了统筹养老保险和医疗保险，交费方式与张女士标准一样。"

李先生，63 岁，已经退休，来自五峰县。"退休前是在五峰县木材厂工作，2015 年来这里买房定居，原因是儿子和女儿都在非洲工作。七里新村离宜昌机场距离很近，方便子女探亲。在这里定居，与本地人没有什么隔阂，语言习俗相同。"

二 在新社区居住，居民满意度普遍较高

七里新村社区居委会于 2010 年 5 月组建成立。按照观念转变抓宣传、维护稳定抓民生、居民转型抓培训、社区建设抓服务、科学发展促和谐的工作思路。紧紧围绕服务居民这一核心，积极探索搬迁安置小区社区党建、社会管理、物业服务三位一体管理模式；着力开展党员干部队伍、网格化管理队伍和社区志愿者队伍等三支队伍建设；创新社会管理，推动居民自我管理、自我服务、自我发展、自我教育的社区居民自治。以提高"居民满意度、认同感、归属感、幸福感"为宗旨，实施"构建组织体系、培训入住居民、服务民生、整治小区环境、创新小区文化"五大工程，把社区党建和社会管理创新落实在为居民服务中，扎实有效地推进社区和谐有序发展，积极创建"生活环境优美、教育体系完善、生活配套设施齐全、社区文化生活丰富、社区服务周到"的全省一流和谐示范社区。

从实地走访和与居民访谈来看，居民对新社区满意度普遍较高。

调研实录:

李女士,1968 年出生。"我比较喜欢现在的生活方式,感觉生活质量有了比较大的提高,这个社区生活方便,交通便利,生活方式比农村丰富多彩。我加入了新社区 3 到 4 个微信群和 QQ 群。其中这个微信群,是 6 号网格员建立的,群里面一共有 189 人,群里可以收到各种消息和通知。"

杨书记,男,45 岁,部队转业回来从事社区主任工作。"社区工作人员与社区居民关系较好,成功举办的大型活动,得到社区居民的认可。一是进行社区文化活动的引领,比如举办书画文化长廊,在元宵节日举办灯谜活动等,整个社区的人几乎参加了。二是在 2016 年举办 68 桌露天全家宴,不仅加强社区居民之间的相互了解,宜昌市多家媒体、电视台报道,取得较好的社会反响。"

三 政府和企业共同推动外来职工社会融入

宜昌市猇亭区是宜昌市的工业区,也是国家级高新区,主要支撑产业有广汽等高端制造业、飞机维修服务业、保税物流中心和化工企业如兴发、湖北宜化等上市公司。为帮助外来职工适应当地生活和就业,政府、社区与企业共同协商,解决职工的后顾之忧。主要做法有:

1. 政府为企业工人建公租房,满足职工的住房需求。

2. 政府与体育局、文化局等相关部门,为公租房小区建设小区设施。

3. 社区建立流动人口便民服务点,用来收集流动人口需求信息,交给业务部门来管理,推动外来人口的教育、卫生、就业的维权工作。

4. 对流动人口家庭进行医生签约服务。对企业职工,直接与医院合作,提前登记,可以进行异地结算。

5. 企业为外来职工提供优厚的后勤保障。

调研实录：

兴发集团工会章成芬，女，55岁。

"兴发集团员工约1万人，其中在宜昌市猇亭区约4500人，占地4000亩，1998年上市。我们单位虽然待遇不错，但是在招聘的时候，同样遇到招聘难的问题。现在的招聘员工以90后为主，为保障人力资源，我们与湖北工业大学、湖北民族学院，湖北宜昌职校合作办学，并且与一些职业学校联合办学开展职业教育。

我们与政府一起，共同为员工提供比较好的后勤保障。政府为我们的员工提供了公租房，我们的后勤集团为员工提供上学，住房、就医的便利，为职工的家属的工作调动也提供方便。

我们为男、女职工提供相同的生育关怀，比如说，我们的独生子女费在宜昌市都是最高的，对于生二孩的，无论男女，我们给一年的年假，并且奖8000块钱。我们每年对所有职工进行体检，对我们的女职工，每两年进行一次单独专项体检。

我们对员工公共服务进行提档升级，想提高企业的竞争力。"

四　调研问题总结

1. 七里新村社区没有考虑到停车位，导致现在社区停车难。宜昌市猇亭区七里新村建于2011年，但是近两年小区的私家车增长速度非常快，小区停车位缺少。另外部分跑运输的运输车辆也没有地方停靠，只能在外面租地方。

2. 新社区缺少经济造血功能，导致社会服务经费比较紧张。新社区没有集体经济的资产，没有收入来源，仅仅依靠上级政府财政拨款难以满足居民日益增长的社会服务需要。

3.社区物业管理费征收需要转型。目前社区物业管理费是政府托底,但是这个是过渡时期,未来社区物业管理费需要来自社区家庭,需要加大宣传,得到居民的理解。

4.社区居委会经费紧张,希望有1~2个管理人员参公编制。

小 结

通过对湖北省宜昌市猇亭区农业转移人口就地城镇化问题的专题调研发现,猇亭区农业转移人口就地城镇化过程较为顺利,居民对新社区满意度普遍较高。同时,在这一转变过程中,为了促进人口的就地城镇化,猇亭区政府推出了一系列政策措施,形成了一套可复制的实践经验,包括发展非农产业促进农民转变为产业工人,发挥社会组织作用促进农民转变为社区居民等等,可概括为推动三个转变的实现,即农民转市民、村委会转社区居委会、就业方式农业转非农业。然而,调研中也发现,猇亭区农业转移人口就地城镇化也存在一定问题,例如村集体资产股份化与管理的问题、撤村并居之后的社区治理问题、农民向社区居民的转化问题、老村和新村(社区)职能分割与共建问题等。未来,要进一步提升社区治理能力,更好的服务社区居民,深化集体资产管理改革,提高股份合作经济组织管理能力。

参考文献

1. 《佛山 160 名非户籍委员的"第一堂课"：学习如何当好村居带头人》，http：//static. nfapp. southcn. com/content/201709/14/c676104. html，最后访问日期：2020 年 5 月 8 日。

2. 《广东代表团向中外媒体开放 胡春华马兴瑞等回答中外记者提问》http：//cpc. people. com. cn/19th/n1/2017/1020/c414305 – 29599172. html，最后访问日期：2020 年 5 月 8 日。

3. 《乡村治理模式一：政经分离》http：//www. banyuetan. org/chcontent/zx/mtzd/20171212/241764. shtml，最后访问日期：2020 年 5 月 8 日。

4. 柴梅、田明华、李松：《城市社区认同现状及重塑路径研究》，《城市发展研究》2017 年第 24 期。

5. 方伟明、孟广宇：《对黑龙江省农村留守妇女状况的调查与思考》，《学术交流》2012 年第 12 期。

6. 《广东代表团向中外媒体开放 胡春华马兴瑞等回答中外记者提问》，http：//liuyan. people. com. cn/n1/2017/0307/c58278 – 29128615. html，最后访问日期：2020 年 5 月 8 日。

7. 国家卫生和计划生育委员会流动人口司：《中国流动人口发展报告 2016》，中国人口出版社，2016。

8. 国家卫生和计划生育委员会流动人口司：《中国流动人口发展报告 2017》，中国人口出版社，2017。

9. 和学新、李楠：《农村留守儿童教育及其政策分析》，《当代教育与文化》2018 年第 10 期。

10. 胡宏伟、郭少云：《照顾状态与留守儿童行为问题——基于中国留守儿童数据调查》，《河北大学学报》（哲学社会科学版）2018 年第 43 期。

11. 黄海平：《现代封闭性小区中的"新熟人关系"》，《华南理工大学学报》（社会科学版）2017 年第 19 期。

12. 解永照、任建华：《"三留守"乡村的社会秩序及其再造》，《山东大学学报》（哲学社会科学版）2017 年第 2 期。

13. 拉毛措、文斌兴：《青海农村"留守妇女"问题研究——以大通县为例》，《青海社会科学》2015 年第 10 期。

14. 李斌：《中国劳动力市场结构：从"刚性"走向"渗透"》，《求实》2004 年第 1 期。

15. 李汉林、王琦：《关系强度作为一种社区组织方式——农民工研究的一种视角》，中央编译出版社，2001。

16. 李航、张雅楠：《社区领袖对于社区建设的作用及其培育机制探讨》，《新西部》（理论版）2016 年第 6 期。

17. 刘羽：《城市社区管理需要重构熟人社会》，《党政论坛》2012 年第 10 期。

18. 潘鸿雁：《从"民工荒"透视城市流动人口管理与服务：问题域对策》，《天府新论》2011 年第 4 期。

19. 唐有财、侯秋宇：《身份、场域和认同：流动人口的社区参与及其影响机制研究》，《华东理工大学学报》（社会科学版）2017 年第 32 期，第 3 期，第 1 页。

20. 王冬梅：《从小区到社区——社区"精神共同体"的意义重塑》，《学术月刊》2013 年第 7 期，第 31 页。

21. 王泗通：《"熟人社会"前提的社区居民环境行为》，《重庆社会科学》2016 年第 4 期。

22. 《习近平在中国共产党第十九次全国代表大会上的报告》，http：//
cpc. people. com. cn/n1/2017/1028/c64094 - 29613660. html，最后访
问日期：2020 年 5 月 8 日。

23. 肖子华：《习近平流动人口社会融合思想研究》，《人口与社会》
2016 年第 3 期。

24. 叶敬忠、潘璐、贺聪志：《双重强制　乡村留守中的性别排斥与不
平等》，社会科学文献出版社，2014。

25. 张丹丹：《社区青年民间领袖的培育与发展空间》，《青年学报》
2016 年第 3 期。

附　录

基线调查问卷

"统计调查中获得的能够识别或者推断单个统计调查对象身份的资料，任何单位和个人不得对外提供、泄露，不得用于统计以外的目的。"《统计法》第三章第二十五条

2016 流动人口基线调查问卷

调查对象：在流入地居住一个月及以上，非该区（县、市）户口的 16 周岁以上的成年人

（2000 年 12 月及以前出生）

尊敬的先生/女士：

您好！为了解您在流入地的工作生活情况，更好地改善与提升您及您家庭的生活水平，我们特进行此次调查。本次调查将会耽误您一些时间，希望得到您的理解和支持。每个问题的答案没有对错之分，只要把真实情况和想法告诉我们即可。我们将对您的信息严格保密。感谢您的支持与配合！

国家卫生计生委流动人口服务中心

2017 年 01 月

调查点编码：_____

个人编码：_____

调查方式： 1 电话访问　2 当面访问　3 其他（请注明）

调查日期：_____月_____日　调查员签名：_____；_____

一　个人基本情况

101 性别_____

1 男　　　　　2 女

102 您的出生日期？（如果被访者以农历、生肖或其他方式报告出生年请换算成公历）

[___ I ___ I ___ I ___] 年 [___ I ___] 月 [___ I ___] 日

103 您的民族？_____

1 汉族　　　 2 蒙古族　　　 3 满族　　　 4 回族　　　 5 藏族

6 壮族　　　 7 维吾尔族　　 8 其他（请注明）_____

104 您的受教育程度？_____

1 未上过学　　　 2 小学　　　 3 初中　　　 4 高中/中专

5 大学专科　　　 6 大学本科　　　 7 研究生

105　您的婚姻状况？_____

1 未婚　　　 2 初婚　　　 3 再婚　　　 4 离婚　　　 5 丧偶

106 您目前的户口登记状况？_____

1 农业　　　 2 非农业　　　 3 农转居　　　 4 非农转居

107 您户口所在的省份？_____（此题用于流入地调查，流出地调查不用问答此问题）

11 北京　　 12 天津　　 13 河北　　 14 山西　　 15 内蒙古

21 辽宁　　 22 吉林　　 23 黑龙江　 31 上海　　 32 江苏

33 浙江　　 34 安徽　　 35 福建　　 36 江西　　 37 山东

41 河南　　 42 湖北　　 43 湖南　　 44 广东　　 45 广西

46 海南　　50 重庆　　51 四川　　52 贵州　　53 云南

54 西藏　　61 陕西　　62 甘肃　　63 青海　　64 宁夏

65 新疆　　66 兵团

108 您本次流动的范围？_____

1 跨省　　　2 省内跨市　　3 市内跨县

109 您本次流动的原因？

1 务工经商　2 家属随迁　　3 婚姻嫁娶　　4 拆迁搬家

5 投亲靠友　6 学习培训　　7 其他（请注明）_____

二　客观题（就业、社会保障、居住及医疗）

（流出地调查询问返乡前的工作情况，流入地调查询问调查时的工作情况）

201 您返乡前/现在有没有工作？（包括家庭或个体经营）_____

1 有（跳问 203 题）

2 没有

202 您未工作的主要原因是什么？_____

1 丧失劳动能力　2 退休　3 料理家务/带孩子　4 没找到工作

5 因本人原因失去原工作　6 怀孕或哺乳

7 临时性停工或季节性歇业

8 学习培训　　　　　　9 其他（请注明）_____

如果 202 题选项为 7，询问停工/歇业前的工作情况

203 您的主要职业是什么？_____

（请详细记录被访者的主要工作，例如：××公司××车间××工人，之后将其归入以下类别，并进行填写）

10 党的机关、国家机关、群众团体和社会组织、企事业单位负责人

20 专业技术人员　30 办事人员和有关人员

41 经商/商贩　42 住宿/餐饮（厨师、餐厅服务员、酒店服务员）

43 保洁　44 保安

45 居民服务人员（家政、美容/美发/美甲、保健调理/按摩/婚介）

46 快递（快递员、快件处理员）　47 装修　48 维修

49 其他社会生产和生活服务人员

50 农、林、牧、渔业生产及辅助人员

61 产品加工/包装　62 建筑施工　63 其他生产制造及有关人员

70 无固定职业

80 不便分类的其他从业人员（请注明）_____

204 您在哪个行业工作？_____

01 农林牧渔　　02 采矿　　03 制造　　04 电煤水热生产供应

05 建筑　　06 批发零售　　07 交通运输、仓储和邮政

08 住宿餐饮　09 信息传输、软件和信息技术服务　10 金融

11 房地产　12 租赁和商务服务　13 科研和技术服务

14 水利、环境和公共设施管理　15 居民服务、修理和其他服务业

16 教育　17 卫生和社会工作　18 文体和娱乐

19 公共管理、社会保障和社会组织　20 国际组织

205 您工作的单位或公司的单位类型是？_____

01 机关、事业单位　02 国有及国有控股企业　03 集体企业

04 股份/联营企业　05 个体工商户　　06 私营企业

07 港澳台独资企业　08 外商独资企业　　09 中外合资企业

10 社团/民办组织　11 其他　　12 无单位

206 您的就业身份属于哪一种？_____

1 雇员　2 雇主（跳问 208 题）　3 自营劳动者（跳问 208 题）

4 其他（跳问 208 题）

207 您与所在单位签订何种劳动合同？_____

1 有固定期限　2 无固定期限　3 完成一次性工作任务

4 试用期　　　　5 未签订劳动合同　6 不清楚

208 2016 年，您的总收入？_____元

（工资性工作者的工资、奖金、津贴和实物折现，自我经营者的净收入）

209 2016 年，您换了多少次工作单位或雇主？_____次

210 您是否接受过工作技能培训？（就业相关，不包括生活技能、健康知识）_____

1 是　　　　　　　　2 否（跳问 212）

211 您接受培训的费用？_____

1 免费　　　　　　2 部分免费　　　3 全部自费

212 您目前参加下列何种保障？

社会保障	是否参保 1　是 2　否 3　不清楚	在何处参保 1　工作地 2　家乡 3　其他地方（请注明）
新型农村合作医疗保险	|__|	|__|
城乡居民合作医疗保险	|__|	|__|
城镇居民医疗保险	|__|	|__|
城镇职工医疗保险	|__|	|__|
城镇居民养老保险	|__|	|__|
新型农村社会养老保险	|__|	|__|
城镇职工养老保险	|__|	|__|
失业保险	|__|	|__|
工伤保险	|__|	|__|
住房公积金	|__|	|__|
商业保险	|__|	|__|

213 您在工作地的住房属于下列何种性质？____

1 租住单位/雇主房　2 单位/雇主提供免费住房（不包括就业场所）

3 政府提供廉租房/公租房　　4 租住私房

5 已购商品房　　　　　　　 6 已购政策性保障房

7　借住房　　　　　　　　 8 就业场所（工地、工棚等）

9 自建房　　　　　　　　　10 其他（请注明）_____

214 如果租房，您或您家人均每月缴纳房租是多少?_____

元

215 2016 年，您的医疗费用是多少（自己支付的总费用）?

_____元

216 您的医疗费用是在哪里报销的?_____

1 工作地（跳问301题）　　2 家乡（跳问301题）　　3 没有报销

217 您没有报销医疗费用的主要原因是?_____

1 没有参加保险　2 需要回家乡，不方便　3 不知道报销流程

4 报销手续烦琐　5 不在医保范围内　　　6 其他（请注明）____

三　主观题（社会交往、心理感受及未来打算）

301 您业余时间在工作地和谁来往最多（不包括顾客）?_____

1 同乡　　　　　2 当地人　　3 其他外地人　4 很少与人来往

302 您是否同意以下说法?

1 非常同意　　　2 同意　　　 3 一般　4 不同意　　5 非常不同意

302.1 我喜欢现工作地	I_I
302.2 我关注现工作地的变化	I_I
302.3 我很愿意融入现工作地的本地人当中，成为其中一员	I_I
302.4 我觉得现工作地的本地人愿意接受我成为其中一员	I_I
302.5 我感觉现工作地的本地人总是看不起外地人	I_I

303 您是否打算在现工作地长期居住（5 年及以上）？_____

1 打算　　　　　2 不打算（跳问 305 题）　　　　3 没想好

304 未来 5 年内，您是否打算把家庭成员（配偶、未婚子女、未婚者父母）带到现工作地？

1 已经都在现工作地　2 是，全部都带到现工作地

3 是，带一部分来　　4 否，为什么？_____

5 看情况而定（请注明）_____

305 如果没有任何限制，您是否愿意把户口迁入现工作地？_____

1 愿意　　　　　2 不愿意　　　　　3 没想好

306 您家已在哪些地方购房（购有产权房，不包括自建房）（多选题）？_____

1 工作地　　　2 户籍地的县（市、区）　　　3 户籍地的乡镇

4 户籍地的村　5 其他地方（请注明）_____

307 您未来打算在哪里购房、建房？（多选题）_____

1 户籍地的村建房　2 户籍地的乡镇购房　3 户籍地的县（市、区）

4 户籍地所属的地级市购房　5 户籍地所在省的省会城市购房

6 在现工作地购房　　　　　7 没有打算

8 其他地方（请注明）_____

谢谢您的合作！请留下个人信息

姓　　　名：_____

电话号码：_____

身份证号：_____

追踪调查问卷

"统计调查中获得的能够识别或者推断单个统计调查对象身份的资

料，任何单位和个人不得对外提供、泄露，不得用于统计以外的目的。"《统计法》第三章第二十五条

2018 流动人口追踪调查问卷

调查对象：在流入地居住一个月及以上，非该区（县、市）户口的 16 周岁以上的成年人

（2001 年 12 月及以前出生）

尊敬的先生/女士：

您好！为了解您在流入地的工作生活情况，更好地改善与提升您及您家庭的生活水平，我们特进行此次调查。本次调查将会耽误您一些时间，希望得到您的理解和支持。每个问题的答案没有对错之分，只要把真实情况和想法告诉我们即可。我们将对您的信息严格保密。感谢您的支持与配合！

国家卫生计生委流动人口服务中心

2018 年 02 月

调查点编码：＿＿＿＿＿＿＿＿

个人编码：＿＿＿＿＿＿＿＿

调查方式：　1 电话访问　2 当面访问　3 其他（请注明）

调查日期：＿＿月＿＿日　调查员签名：＿＿＿＿＿＿；＿＿＿＿＿＿

一 个人基本情况

101 性别_____

1 男　　　　2 女

102 您的出生日期？（如果被访者以农历、生肖或其他方式报告出生年请换算成公历）

[___ | ___ | ___ | ___] 年 [___ | ___] 月 [___ | ___] 日

103 您的民族？_____

1 汉族　2 蒙古族　3 满族　4 回族　5 藏族　6 壮族　7 维吾尔族

8 其他（请注明）____

104 您的受教育程度？_____

1 未上过学　2 小学　　3 初中　　4 高中/中专　　5 大学专科

6 大学本科　7 研究生

105 您的婚姻状况？_____

1 未婚　　　　2 初婚　3 再婚　4 离婚　　　　5 丧偶

106 您目前的户口登记状况？_____

1 农业　　　2 非农业　　3 农转居　　4 非农转居

107 您户口所在的省份？_____（此题用于流入地调查，流出地调查不用问答此问题）

11 北京	12 天津	13 河北	14 山西	15 内蒙古
21 辽宁	22 吉林	23 黑龙江	31 上海	32 江苏
33 浙江	34 安徽	35 福建	36 江西	37 山东
41 河南	42 湖北	43 湖南	44 广东	45 广西
46 海南	50 重庆	51 四川	52 贵州	53 云南
54 西藏	61 陕西	62 甘肃	63 青海	64 宁夏
65 新疆	66 兵团			

108 您本次流动的范围？_____

1 跨省　　　　2 省内跨市　　3 市内跨县

109 本次与您一起流动的家庭成员有（多选题）_____

1 单独　　　　2 父亲　　　　　3 母亲　　　　4 妻子　　　5 丈夫

6 成年子女　7 未成年子女（16 岁以下）　8 兄弟姐妹　9 其他

110 您本次流动的原因？

1 务工经商　　　2 家属随迁　　　3 婚姻嫁娶　　4 拆迁搬家

5 投亲靠友　　　6 学习培训　　　7 其他（请注明）_____

二　就业、社会保障、居住及医疗情况

（流出地调查询问返乡前的工作情况，流入地调查询问调查时的工作情况）

201 您返乡前/现在有没有工作？（包括家庭或个体经营）_____

1 有（跳问 203 题）　　　　　　2 没有

202 您未工作的主要原因是什么？_____

1 丧失劳动能力　　2 退休　　3 料理家务/带孩子　4 没找到工作

5 因本人原因失去原工作　　　6 怀孕或哺乳

7 临时性停工或季节性歇业　　8 学习培训

9 其他（请注明）_____

如果 202 题选项为 7，询问停工/歇业前的工作情况

203 您的主要职业是什么？_____

（请详细记录被访者的主要工作，例如：××公司××车间××工人，之后将其归入以下类别，并进行填写）

10 党的机关、国家机关、群众团体和社会组织、企事业单位负责人

20 专业技术人员

30 办事人员和有关人员

41 经商/商贩　42 住宿/餐饮（厨师、餐厅服务员、酒店服务员）

43 保洁　44 保安

45 居民服务人员（家政、美容/美发/美甲、保健调理/按摩/婚介）

46 快递（快递员、快件处理员）　47 装修　48 维修

49 其他社会生产和生活服务人员

50 农、林、牧、渔业生产及辅助人员

61 产品加工/包装　62 建筑施工　63 其他生产制造及有关人员

70 无固定职业

80 不便分类的其他从业人员（请注明）＿＿＿＿＿＿

204 您在哪个行业工作？＿＿＿＿＿＿

01 农林牧渔　　02 采矿　　03 制造　　04 电煤水热生产供应

05 建筑　　06 批发零售　　07 交通运输、仓储和邮政

08 住宿餐饮　　09 信息传输、软件和信息技术服务

10 金融　　11 房地产　　12 租赁和商务服务

13 科研和技术服务　　14 水利、环境和公共设施管理

15 居民服务、修理和其他服务业　　16 教育

17 卫生和社会工作　　18 文体和娱乐

19 公共管理、社会保障和社会组织　　20 国际组织

205 您工作的单位或公司的单位类型是？＿＿＿＿＿＿

01 机关、事业单位　02 国有及国有控股企业　03 集体企业

04 股份/联营企业　　05 个体工商户　　　　06 私营企业

07 港澳台独资企业　08 外商独资企业　　　09 中外合资企业

10 社团/民办组织　　11 其他　　　　　　　12 无单位

206 您的就业身份属于哪一种？＿＿＿＿＿＿

1 雇员　2 雇主（跳问208题）　3 自营劳动者（跳问208题）

4 其他（跳问208题）

207 您与所在单位签订何种劳动合同？＿＿＿＿＿＿

1 有固定期限　　2 无固定期限　　3 完成一次性工作任务

4 试用期　　　　　　5 未签订劳动合同　6 不清楚

208 2017 年您的总收入？_____（工资性工作者的工资、奖金、津贴和实物折现，自我经营者的净收入）

1 10000 元及以内　　2 10001～20000 元　　3 20001～30000 元

4 30001～40000 元　　5 40001～50000 元　　6 50001～60000 元

7 60001～80000 元　　8 80001～100000 元　　9 100001 元及以上

209 您在工作地的住房属于下列何种性质？____

1 租住单位/雇主房　2 单位/雇主提供免费住房（不包括就业场所）

3 政府提供廉租房/公租房　　4 租住私房

5 已购商品房　　　　　　6 已购政策性保障房

7 借住房　　　　　　　　8 就业场所（工地、工棚等）

9 自建房　　　　　　　　10 其他（请注明）_____

210 您是否接受过工作技能培训？（就业相关，不包括生活技能、健康知识）_____

1 是　　　　　　　　2 否（跳问 212）

211 您接受培训的费用？_____

1 免费　　　　　　2 部分免费　　　　　　3 全部自费

212 您目前参加下列何种保障？

社会保障	是否参保	在何处参保
	1　是 2　否 3　不清楚	1　工作地 2　家乡 3　其他地方（请注明）
新型农村合作医疗保险	|__|	|__|
城乡居民合作医疗保险	|__|	|__|
城镇居民医疗保险	|__|	|__|
城镇职工医疗保险	|__|	|__|
城镇居民养老保险	|__|	|__|
新型农村社会养老保险	|__|	|__|

续表

社会保障	是否参保 1　是 2　否 3　不清楚	在何处参保 1　工作地 2　家乡 3　其他地方（请注明）
城镇职工养老保险	|＿|	|＿|
失业保险	|＿|	|＿|
工伤保险	|＿|	|＿|
住房公积金	|＿|	|＿|
商业保险	|＿|	|＿|

213 您认为您的健康状况如何？_____

1 非常健康　　2 健康　　3 一般　　4 不健康　　5 非常不健康

214 您是否患有医生确诊的慢性病？_____

1 有　　　　　2 没有（跳答 216）　　3　不知道（跳答 216）

215 您患的慢性病类型是（多选题）？_____

1 高血压　　　2 糖尿病　　　　　3 心脏病

4 脑血管疾病　5 慢性支气管/哮喘　6 肝病

7 类风湿性关节炎　　8 慢性肾功能衰竭　9 贫血

10 胃炎或胃溃疡　　11 恶性肿瘤　　　　12 精神性疾病

13 意外损伤和中毒　14 其他（请注明）_____

216 调查前两周内，您的身体是否有病伤的情况？_____

1 是　　　　　2 否（跳答 220）

217 两周内，您是否因该种病伤就诊过？_____

1 是　　　　　2　否（跳答 219）

218 两周内，为该病伤第一次就诊是在下列哪类医疗机构？_____

1 诊所/村卫生室/社区卫生服务站　2 卫生院/社区卫生服务中心

3 县级卫生机构　　　　　　　　　4 地市级卫生机构

5 省级及以上卫生机构　　　　　　6 其他（请注明）_____

219 两周内未就诊的原因（单选）？_____

1 两周前就医，遵医嘱持续治疗中　2 自感病轻　　3 经济困难

4 就诊麻烦　5 无时间　6 交通不便　7 无有效措施

8 其他（请注明）_____

220 近 12 个月内，您是否因病伤、体检、分娩等原因住过医院？

_____

1 是　　　2 否（跳答 225）

221 您是在下列哪类医疗机构住院的？_____

1 卫生院/社区卫生服务中心　2 县级卫生机构　3 地市级卫生机构

4 省级及以上卫生机构　　　5 其他（请注明）_____

222 您的住院费用是多少？_____元，其中：自己支付了

_____元

223 您的医疗费用是在哪里报销的？_____

1 工作地（跳问 225 题）　　2 家乡（跳问 225 题）　3 没有报销

224 您没有报销医疗费用的主要原因是？_____

1 没有参加保险　2 需要回家乡，不方便　3 不知道报销流程

4 报销手续烦琐　5 不在"医保"范围内　6 其他（请注明）____

225 近 12 个月内，您是否有医生诊断需住院而您未住院的情况？

_____

1 是　　　2 否（跳问 301 题）

226 您最近一次需住院而未住院的原因？_____

1 没必要　2 无有效措施　3 经济困难　4 医院服务差

5 无时间　6 无床位　　　7 其他（请注明）____

三　社会交往、心理感受等情况

301 您业余时间在工作地和谁来往最多（不包括顾客）？_____

1 同乡　　　2 当地人　　　3 其他外地人　　　4 很少与人来往

302 您是否同意以下说法？

1 非常同意　　2 同意　　3 一般　　　4 不同意　　　5 非常不同意

302.1 我喜欢现工作地	|_|
302.2 我关注现工作地的变化	|_|
302.3 我很愿意融入现工作地的本地人当中，成为其中一员	|_|
302.4 我觉得现工作地的本地人愿意接受我成为其中一员	|_|
302.5 我感觉现工作地的本地人总是看不起外地人	|_|

303 您是否打算在现工作地长期居住（5 年及以上）？_____

1 打算　　　　　2 不打算（跳问 305 题）　　　3 没想好

304 您打算留在工作地的主要原因是什么（多选题）？_____
（跳问 308 题）

　1　收入水平高　2 个人发展空间大　　3 积累工作经验

　4　城市交通发达、生活便利　　　　　5 子女有更好的教育机会

　6 医疗技术好　　7 与本地人结婚　　8 社会关系网都在本地

　9 政府管理规范　10 家人习惯本地生活　11 其他（请注明）_____

305 如果您不打算留在工作地，您是选择返乡还是去其他地方？
_____

1 返乡　　　2 其他地方（跳问 308 题）　　3 没想好（跳问 308 题）

（注：返乡中的"乡"指户籍地所在区县）

306 您打算返乡的原因是什么（多选题）？_____

01 返乡创业　　　　02 没有特长/技能　　　03 需要照顾小孩

04 需要照顾老人　　05 外面就业形势不好　06 家乡就业机会多

07 年龄太大　　　　08 身体不好　　　　　09 与家人两地分居

10 家乡生活成本低　11 家里劳动力不足　　12 很难融入流入地

13 家乡自然环境好　14 土地需要打理　　　15 不习惯外地生活

16 结婚生育　　　　17 本地空气污染严重　18 其他（请注明）_____

307 您打算回到家乡的什么地方？_____

1 原居住地（自家）　　2 乡镇政府所在地　　3 县政府所在地

4 没想好

308 如果没有任何限制，您是否愿意把户口迁入现工作地？_____

1 愿意　　　　2 不愿意　　　　3 没想好

309 目前在工作地，您家面临的主要困难（多选题）？_____

1 没有困难　　2 生意不好做　　3 难以找到稳定的工作

4 买不起房子　5 本地人看不起　6 子女上学问题

7 收入太低　　8 生活不习惯　　9 其他（请注明）_____

310 目前在您老家，您家面临主要困难（多选题）？_____

1 没有困难　　2 老人赡养　　　3 子女照看

4 子女教育费用　5 配偶生活孤单　6 家人有病缺钱治

7 土地耕种等缺劳动力　　　　8 其他（请注明）_____

谢谢您的合作！请留下个人信息

姓　　　名：_____

电话号码：_____

身份证号：_____

196

后　记

　　流动人口基层调查联系点建立的初衷，是为中心开展流动人口调查、掌握流动人口动态，提供一个基地。从 2016 年第一个联系点建立，已经过去了 3 年多时间。在 3 年多时间里，中心组织人员开展了三轮问卷调查，围绕流动人口面临的热点、难点问题，开展了多次专题调查。在调查的过程中，中央党校、中南财经政法大学、北京市社会科学院、首都经济贸易大学、北京市卫健委党校等研究机构的学者参加了调研活动，并撰写了专题调查报告。北京大学、北京工业大学、吉林大学、暨南大学、兰州财经大学、广州海洋大学的专家参与了调查点工作人员的培训，并给调查点的发展规划提出了具体建议。在此，对上述高校和研究机构的专家学者表示感谢！

　　调查点从设立到每一次调查的开展都离不开地方卫生健康系统领导和工作人员的大力支持，在调查点建设的初期，湖南省、湖北省、广东省、吉林省卫生健康委都给予了积极支持和协助，并对调查点工作进行指导。调查点所属的地级市也积极支持和参与调查点建设，对调查工作给予技术支持。调查点建设成功的关键在于当地政府部门的重视和工作人员的辛苦付出，在三次问卷调查中，当地卫生健康部门和乡镇（街道）、村（社区）卫生健康系统的干部和工作人员都任劳任怨，放弃自己春节假期的休息时间，下村入户，按照要求对返乡流动人口进行问卷调查。在调查的过程中兢兢业业、认真负责，保证了调查的准确性和科学性。在此，对他们的辛苦付出表示感谢！

中心领导肖子华主任和徐水源副主任对调查联系点工作非常重视，对如何建好基层调查点进行了策划和指导，并带队赴调查点进行调查，撰写研究报告。中心调查评估服务处具体负责基层调查联合点的联系和调查的组织工作，承担了主要调查报告的撰写和本书的编写任务。办公室、信息服务处、社会服务部、健康服务部的同事，也对调查点的建设和调查活动的开展给予了大力支持。特别是信息服务处专门为调查设计了手机终端调查软件。在此，也表示真诚的感谢！

本书的出版是前几次调查成果的一次总结，由于调查点还处于初创阶段，对如何开展调查还缺少经验，对调查成果的总结和梳理还比较浅显。希望本书的出版，能够为政府部门、专家学者了解中国流动人口的现状提供一个渠道。也希望更多专家学者积极参与流动人口的调查工作，产出更多、更优秀的成果！

国家卫生健康委流动人口服务中心

2020 年 2 月

图书在版编目（CIP）数据

四地观察：人口流动与村居发展／肖子华主编. --
北京：社会科学文献出版社，2021.1
　（流动人口社会融合研究丛书）
　ISBN 978 - 7 - 5201 - 7769 - 6

　Ⅰ.①四…　Ⅱ.①肖…　Ⅲ.①农村 - 人口流动 - 研究
- 中国　Ⅳ.①C924.24

中国版本图书馆 CIP 数据核字（2021）第 004589 号

　·流动人口社会融合研究丛书·
四地观察：人口流动与村居发展

主　　编／肖子华
副 主 编／徐水源

出 版 人／王利民
组稿编辑／陈　颖
责任编辑／陈晴钰

出　　版／社会科学文献出版社·皮书出版分社（010）59367127
　　　　　地址：北京市北三环中路甲29号院华龙大厦　邮编：100029
　　　　　网址：www.ssap.com.cn
发　　行／市场营销中心（010）59367081　59367083
印　　装／三河市龙林印务有限公司

规　　格／开　本：787mm×1092mm　1/16
　　　　　印　张：13.5　字　数：185千字
版　　次／2021年1月第1版　2021年1月第1次印刷
书　　号／ISBN 978 - 7 - 5201 - 7769 - 6
定　　价／128.00元

本书如有印装质量问题，请与读者服务中心（010 - 59367028）联系